Shopee

한 권으로 끝내는

쇼피 판매 **실전 바이블**
싱가포르부터 동남아시아까지

쇼피 계정 생성부터 상품등록, 노출, 마케팅, 판매 후 운영 관리,
수출 및 세무신고까지 실제 창업 절차 그대로 전 과정을 순서대로 담았다!

한 권으로 끝내는

쇼피 판매 실전 바이블

싱가포르부터 동남아시아까지

초판 1쇄 인쇄 | 2021년 12월 20일
초판 1쇄 발행 | 2021년 12월 30일

지 은 이 | 최진태 저
발 행 인 | 김병성
발 행 처 | 앤써북
편 집 진 행 | 조주연
주 소 | 경기 파주시 탄현면 방촌로 548번지
전 화 | (070)8877-4177
팩 스 | (031)942-9852
등 록 | 제382-2012-0007호
도 서 문 의 | answerbook.co.kr

I S B N | 979-11-85553-91-7 13000

Preface

머리말

쇼피 관련 책을 집필하자고 출판사로부터 제안을 받았을 때는 현재 직접 판매와 운영 대행 등을 통해 진행하고 있기 때문에 별 무리없이 집필할 수 있을 것으로 판단하여 흔쾌히 승낙하였습니다. 하지만, 목차를 만들고 집필 자료를 수집하며 생각한 것은 처음 쇼피에서 판매하는 판매자라면 기존 판매자 입장과는 차이가 있겠다는 생각이 들었습니다. 그래서 처음 쇼피 마켓플레이스에 진입하는 초보 판매자 입장에서 집필하기 위해 새로 계정을 만들고 판매를 진행하며 단계별로 진행과정을 집필하였습니다.

쇼피에서 처음 계정을 생성하는 단계에서부터 상품 등록 단계 등을 순서대로 집필하고 이 후 상품 노출을 위한 마케팅과 판매 후 진행 단계 순으로 한 권에 모두 자세히 담았습니다.

새로 개설한 계정으로 진행하니 집필이 늦어지기는 하였으나 처음 판매되었을 때의 기쁨도 다시 느끼게 되었고 판매된 상품을 포장하며 무사히 구매자에게 도착하기를 기원하는 마음 또한 들게 되었습니다. 이 책을 읽어주시는 독자분들도 공감하는 부분들이 있었으면 좋겠습니다.

이 책을 집필할 수 있게 격려와 도움을 주신 주식회사 리머스 김가린 대표이사님, 책 집필에 있어 필요한 자료를 수집해준 리머스 직원분들께 감사 인사를 드리고, 책 집필에 있어 도움을 주신 앤써북 김병성 대표님, 서울IT직업전문학교 이상헌 대표님, 페이오니아 김지영 매니저님 등 모든 분들께 감사의 말씀을 전합니다.

이 책은 쇼피(Shopee) 판매를 위해 계정 개설부터 상품 등록, 마케팅 방법, 판매 후 진행 사항들에 대해 단계별로 정리하였습니다.
이 책은 다음과 같이 구성되어 있습니다.

Chapter 01에서는 쇼피에 대한 전반적인 현황 및 국가별 현황, 쇼피 진출 방법, 시장 조사 방법 등에 대해 소개합니다.

Chapter 02에서는 쇼피 싱가포르 셀러 가입 방법, 페이오니아 가상계좌 개설, Seller Shop 설정 등에 대해 소개합니다.

Chapter 03에서는 개별 상품 등록 방법 및 엑셀을 통한 대량 상품 등록, 상품 등록 시 주의사항에 대해 소개합니다.

Chapter 04에서는 상품 등록 후 광고 및 프로모션 방법에 대해 설명하며 쇼피 공식 이벤트 참여 등에 대해 소개합니다.

Chapter 05에서는 상품 판매 후 주문 처리 방법, 정산 및 인출 방법, 계정 관리에 대해 소개합니다.
Chapter 06에서는 쇼피 주문건 수출신고 방법 등에 대해 소개합니다.

Chapter 07에서는 쇼피 판매자가 납부해야 하는 세금과 관련된 세무 내용과 부가가치세 환급 등에 대해 소개합니다.

이 책을 통해 동남아 마켓 플레이스 쇼피(Shopee)에 진출하시려는 분들과 현직에서 셀러로 활동하는 분들에게 도움이 되었으면 좋겠습니다. 많은 분들의 성공적인 글로벌 사업을 응원합니다.

저자 최진태

Recommendation

추천사

온라인 판매 사업자의 숙명은 판매채널 확장입니다. 다수의 판매채널은 매출 증대에도 유리하지만 아이템 포트폴리오 안정을 통하여 온라인 판매 사업의 지속성을 높일 수 있기 때문입니다.

동남아시아 e-commerce 최대 채널 진입 전략을 세부적으로 소개한 「쇼피 판매 실전 바이블」은 온라인 판매 사업자의 바이블(Bible)로 활용될 수 있습니다. 최진태 선생님의 교육에 대한 애정과 자긍심을 기반으로 저술된 또 하나의 역작 출간을 축하합니다.

서울IT직업전문학교장 **이상헌**

현재 만 8년차 글로벌 셀러를 활동해오며 4년차부터는 전업으로 글로벌 판매만 하고 있습니다. 최진태 강사님에게 이베이, 아마존 글로벌 셀링에 대해 가르침을 받고 현재는 동남아시아 쇼핑몰인 쇼피(Shopee)에도 진출하여 평균 억대 매출을 기록하고 있습니다. 최진태 강사님께서 이번 쇼피 책도 열정적으로 집필하신 것을 보았습니다. 정독하여 보시고 실천하여 모두들 다 대박 나시길 바랍니다.

글로벌 셀러 **이경택**

동남아시아 1등 플랫폼으로, 그리고 대세로 자리 잡은 이커머스 플랫폼 쇼피의 모든 것을 담은 책입니다. 저자는 오랜 실전 경험과 실무, 교육 그리고 컨설팅을 꾸준하게 진행해왔으며 그 모든 노하우를 이 책에 녹여내었습니다. 초보부터 실무자까지 동남아시아 진출을 고려한다면 이 책을 강력히 추천합니다.

페이오니아 매니저 **김지영**

유통환경이 급속도로 빠르게 변화되고 있고 경쟁은 점점 더 치열해 지고 있습니다. 국내 시장에서 벗어나서 글로벌화로 발전하는 것은 더 이상 미래의 이야기가 아닙니다. 이제 글로벌 이커머스에 집중해야 할 때이고 글로벌 쇼핑몰 진출을 위한 첫걸음 이 책 한권이면 충분합니다.

그 어떤 글로벌 쇼핑몰 보다 쉽게 접근이 가능하고 한국인이 운영하기에 어렵지 않은 쇼핑몰이 쇼피이고 다년간 글로벌 쇼핑몰 판매에 관련된 노하우를 습득하고 있는 저자의 능력은 동 분야에서도 독보적인 능력을 보여주고 있습니다.

이 책은 글로벌 온라인 쇼핑몰을 처음 접하시는 분들도 쉽게 진행할 수 있도록 쇼피 판매 전 과정이 자세히 설명되어 있습니다. 이미 쇼핑몰을 운영하시는 분들이나 앞으로 창업하실 모든 분들에게 많은 도움을 드리는 책이 될 것입니다.

타오바오 완전정복 카페 운영자 / 타오바오+알리바바 직구 완전정복 저자 **정민영**

Reader Support Center

독자 지원 센터

앤써북 공식 카페의 [도서별 독자지원센터]-[한 권으로 끝내는 쇼피 판매 바이블] 게시판에서 [글쓰기] 버튼을 클릭한 후 질문 제목과 궁금한 내용을 질문할 수 있고 저자로부터 답변 받을 수 있습니다. 단, [카페 가입하기] 버튼을 클릭하여 앤써북 카페에 회원가입 후 진행할 수 있습니다.

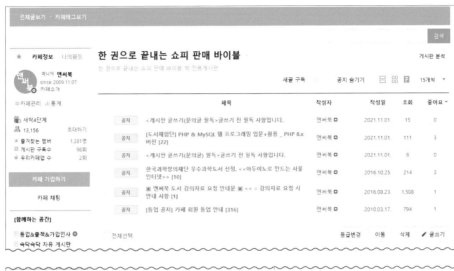

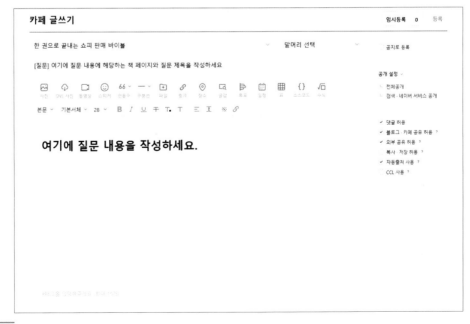

Contents

목차

Chapter 01

쇼피(Shopee) 알아보기

Contents

목차

쇼피(Shopee) 싱가포르에 상품 등록하기

Contents

목차

Chapter 05

운영 및 관리하기

Contents

목차

Chapter
06

수출 신고

Chapter
07

쇼피(Shopee) 세무 신고

Shopee

Shopee

쇼피(Shopee) 알아보기

01 쇼피 진출 국가

글로벌 셀링이라 하면 많은 사람들이 북미의 아마존, 이베이를 떠올리며, 중국은 타오바오, 티몰, 알리바바(B2BC)를 떠올립니다. 그중 많은 기업들이 개척을 해나가고 있는 나라로는 동남아시아를 들 수 있는데 동남아시아를 대표하는 글로벌 쇼핑몰로는 쇼피(Shopee)와 라자다(LAZADA)를 들 수 있습니다. 이번 장에서는 동남아시아에서 무서운 성장세를 이루고 있는 쇼피에 대해 알아보고 동남아시아 국가들에 대해 살펴보겠습니다.

1 _ 동남아시아 E-Commerce 현황

1-1 쇼피가 진출한 동남아시아 국가

쇼피(Shopee)가 진출한 국가는 싱가포르, 인도네시아, 말레이시아, 베트남, 필리핀, 대만, 태국, 브라질 등입니다. 그중 브라질을 제외한 나라를 동남아시아 국가로 말할 수 있는데 경제적인 부분에서 싱가포르를 뺀 모든 나라가 대부분 개발도상국입니다. 쇼피는 동남아 6개국 및 대만의 최대 이커머스 플랫폼으로 현지 소비자 특성에 최적화된 모바일 기반 서비스를 통해 단기간에 최대 고객 보유 플랫폼으로 자리 잡았습니다.

◆ 쇼피(Shopee) 진출 국가 현황

1-2 동남아시아 전자상거래 현황

쇼피코리아 자료에 따르면 싱가포르 82%, 인도네시아 67%, 베트남 73%, 태국 80%, 대만 73% 정도 핸드폰 사용률을 보이고 있으며 대부분의 소비가 모바일 앱을 통해 이루어지고 있다고 발표하였으며 동남아시아 소비자의 88%가 온라인을 통해 브랜드/제품을 경험하였다고 하였습니다.

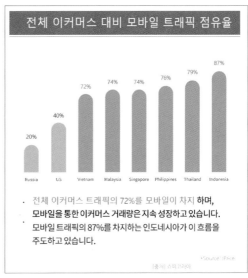

시장조사업체 프로스트앤설리번에 따르면, 동남아 전자상거래 시장은 2015~2020년 연평균 17.7% 씩 성장하고 있고 시장 규모는 2015년 112억 달러에서 2020년에는 252억 달러로 두 배 이상 늘어날 것으로 전망하였으며 싱가포르 국영 투자회사 테마섹과 구글에 따르면, 동남아 전체 소매판매에서 전자상거래 비중은 2015년 0.8%에서 2025년에는 6.4%까지 높아질 것으로 예상하였습니다.

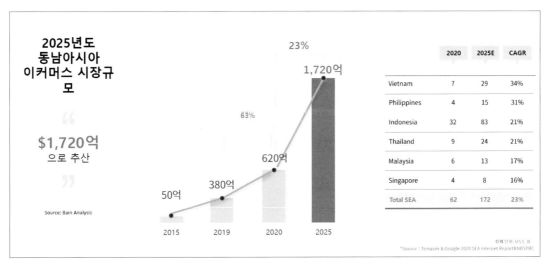

2 _ 쇼피의 경쟁사는?

2-1 쇼피의 시장 점유율

동남아시아 전자상거래 시장은 매우 빠르게 성장을 하고 있으며 많은 이커머스 플랫폼 웹사이트들이 생성되었습니다. 그중 동남아시아에서 급부상하고 있는 전자상거래 부문에서는 쇼피(Shopee)와 라자다(LAZADA)를 들 수 있는데 쇼피(Shopee)는 싱가포르에 기반을 둔 거대 기술 기업인 SEA Limited의 전자 상거래 부문으로, 동남아시아 전역에서 디지털 엔터테인먼트, 전자 상거래 및 디지털 금융 서비스를 운영하는 디지털 거대 기업이며 마찬가지로 Lazada는 중국 기술 대기업 Alibaba가 소유한 동남아시아에서 운영되는 전자 상거래 대기업으로 Alibaba의 국제 확장 계획을 지원하기 위해 2016년 당시 동남아시아 지역 최대 전자 상거래 회사인 Alibaba에서 인수하였습니다.

2021년에 COVID-19 전염병으로 인한 재택근무 전환에 힘입어 쇼피(Shopee)의 수익은 전년 대비 두 배 증가했으며 재무 보고서에 따르면 쇼피(Shopee)는 전체 동남아시아 전자 상거래 시장 거래량의 57%를 차지하는 성과를 거두었습니다.

iPrice Group의 데이터에 따르면 2020년 3분기에 쇼피(Shopee)는 인도네시아, 말레이시아, 필리핀, 싱가포르, 태국 및 베트남에서 가장 많이 방문한 사이트가 되었으며 필리핀, 싱가포르 및 태국의 Lazada와 인도네시아의 Tokopedia를 제치고 1위를 차지했습니다.

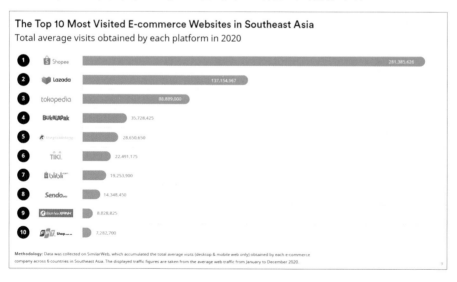

2-2. 쇼피 vs 라자다의 비즈니스 모델 비교

쇼피와 라자다 쇼핑 사이트는 서로 다른 비즈니스 모델을 사용합니다.

라자다는 소매 및 시장 모델이 결합되어 있습니다. 자체 창고에서 자체 재고를 관리하고 판매하는 소매 모델을 시작하여 계속 사용하고 있으며 전자 상거래 플랫폼을 사용하여 제품을 판매하는 판매자에게 문을 열어 시장 모델을 추가했습니다.

하지만, 쇼피는 순전히 시장 모델을 채택하여 약간 다르게 운영합니다. 즉, 사이트에서 판매되는 모든 제품은 판매자가 제공하며 자체 재고나 창고가 없기 때문에 제품 배송을 위해 제3자 물류 회사를 이용합니다.

또한, 쇼피와 라자다는 구매자의 지불 옵션에서도 차이를 보입니다. 다음 표를 참고하여 보면 쇼피의 구매자 지불 옵션에는 라자다보다 더 많은 방법이 있습니다. 쇼피 고객은 온라인 뱅킹, 창구 은행 예금, Coins.ph, 송금 센터 및 지불 센터를 통해 온라인 구매 비용을 지불할 수도 있습니다.

지불 방법	쇼피 (Shopee)	라자다 (LAZADA)
대금 상환	예	예
매장 내 전자 지갑	예 (쇼피페이)	예(라자다 지갑)
지캐시	예	예
Coins.ph	예	아니요
신용/직불카드	예(Preferred 및 Shopee Mall 상점의 경우 Mastercard 및 Visa 카드)	예(마스터카드, 비자, JCB, 아메리칸 익스프레스)
온라인 뱅킹	예 (BPI Express Online 또는 Mobile, UnionBank, Metrobank, RCBC, Landbank, PNB, Robinsons Bank, Chinabank 및 UCPB를 통해)	아니요
할부 요금제	아니요	예(Billease / Cashalo / InvesTed/ Juanhand / Paylater / TendPay / UnaPay를 통해 비신용카드 소지자 및 BPI / Metrobank / Citibank를 통해 신용카드 소지자)
송금/결제 센터	예(Bayad Center, SM Bills Payment, Robinsons Department Store, 7-Eleven CLiQQ, ECPay, M Lhuillier, Cebuana Lhuillier, LBC, Palawan Pawnshop 및 RD Pawnshop)	아니요
은행 창구 예금	예(BPI, Metrobank, Chinabank, Eastwest Bank, UnionBank, RCBC, Security Bank, UCPB, Landbank 및 Robinsons Bank)	아니요
구글 플레이	예	아니요

3 _ 쇼피 진출 국가별 현황

3-1 동남아시아 주요 쇼핑 시즌

동남아시아의 행사 및 주요 쇼핑 시즌을 알기 위해서는 각 국가의 종교적, 문화적인 특징을 알아야 하며 종교적으로도 동남아시아는 매우 복잡합니다. 그 복잡함은 과거 2000년에 걸쳐서 다양한 외래문화의 영향을 계속해서 받은, 이 지역의 역사적 상황과 깊은 관계가 있습니다. 중국 문화의 강한 영향을 받은 나라도 있고 식민지 지배를 받으며 발전한 종교와 문화를 가진 나라도 있습니다. 그러다 보니 중국과 비슷한 행사도 있고 전혀 다른 행사를 가지고 있는 것이 동남아시아 국가들입니다. 다음은 쇼피코리아에서 발표한 주요 쇼핑 시즌이니 프로모션 등을 준비하기 전에 숙지할 필요가 있습니다.

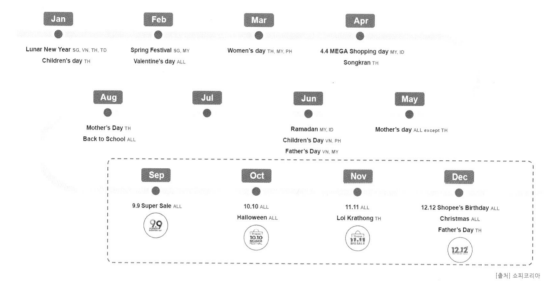

[출처] 쇼피코리아

3-2 싱가포르 국가 현황 및 소비 성향

싱가포르는 다민족 국가로서 각 인종의 전통적 종교를 존중하면서 인종 간의 화합을 추구하는 정책을 시행하고 있으며 싱가포르 헌법은 각 인종 간 평화주의를 명시하고 영어 이외에 중국어, 말레이어, 타밀어를 공용어로 채택하였으며, 각 종교 별로 균등하게 법정 공휴일을 지정토록 규정하고 있습니다. 또한, 1인당 GDP가 6만 5,233.28달러로 세계 7위를 기록하고 있으며 한국 (1인당 GDP : 3만 1,838.2달러 세계 27위(2019 한국은행)) 보다 3만 달러 높은 소득 수준을 나타내고 있습니다.

싱가포르
(Singapore)

수도 : 싱가포르(Singapore, 도시국가)	
면적 : 718㎢(서울의 약 1.2배)	
인구 : 577만 명(2020, IMF)	
시차 : -1시간(우리나라 시간보다 1시간 느림)	
인구구성 : 중국계(74%), 말레이계(13%),인도계(9%) 등	
종교 : 불교(33%), 기독교(18%), 이슬람(15%), 도교(11%), 힌두교(5%) 등	
언어 : 영어(37%), 표준중국어(35%), 말레이어(11%), 타밀어(3%)의 4개 공식언어	
화폐단위 : Singapore Dollar(SGD)	
국내총생산(GDP) : 3,720억 6,252만 7,488.6달러 세계34위 (2019 한국은행)	
1인당 GDP : 6만 5,233.28달러 세계7위 (2019 한국은행)	
경제성장률(GDP기준) : 0.73% 세계143위 (2019 한국은행)	
교 역(2020년 기준) : 수출 : 98억 달러, 수입 : 84억 달러	

쇼피코리아에서 발표한 자료에 따르면 쇼피 싱가포르 1천 명 이상의 고객들을 대상으로 설문 조사한 결과, 약 60%의 고객들이 쇼핑 시 가장 중요한 요인으로 특가/할인 혜택 등 "가격"이라고 응답했으며 이 중 2/3가 남성 고객으로 남성이 여성보다 합리적인 가격을 중점으로 쇼핑한다고 발표하였습니다.

3-3 인도네시아 국가 현황 및 소비 성향

인도네시아의 주요한 특색 중 하나는 민족 구성이 복잡하다는 것입니다. 대표적인 인종은 자바족, 순다족, 마두라족 등이며, 전체적으로 300여 종족이 혼합되어 있습니다. 인도네시아어를 공통의 공용어(共用語)로 사용하며 주민의 약 87%는 13세기 이후 진출한 이슬람교도이나 일상생활에서는 그 이전에 이미 힌두교의 의식도 뿌리 깊게 남아 있으며 애니미즘적 요소도 남아 있습니다.

수도 : 자카르타(Jakarta)

면적 : 190만㎢(한반도의 약 9배)

인구 : 2억 7,020만 명 (2020, IMF)

시차 : -1시간(우리나라 시간보다 1시간 느림)

인구구성 : 자바족(45%), 순다족(13.6%) 등 300여 종족

종교 : 이슬람(87%), 개신교(7%), 천주교(3%), 힌두교(2%), 불교(1%)

언어 : 바하사 인도네시아어 (총 600여 종의 지방어 및 사투리)

화폐단위 : 루피아(Rupiah)

국내총생산(GDP) : 1조 1,191억 9,078만 752.8달러 세계16위 (2019 한국은행)

1인당 GDP : 4,135.57달러 세계96위 (2019 한국은행)

경제성장률(GDP기준) : 5.02% 세계36위 (2019 한국은행)

교 역(2020년 기준) : 수출 : 63억 달러, 수입 : 76억 달러

인도네시아
(Indonesia)

인도네시아는 인구의 52%가 30세 이하로 전 세계에서 젊은 세대 비중이 가장 높은 나라 중 하나며 동남아시아 대부분의 국가 역시 인구의 50%가 30세 이하로 인구의 절반 이상이 모바일 세대로 93% 가 상품을 구입하기 전 구글 검색을 통해 리뷰를 꼼꼼하게 살펴보고 Facebook, Twitter, Youtube, Instagram 등을 통해 새로운 제품을 찾는다고 합니다.

3-4 말레이시아 국가 현황 및 소비 성향

말레이시아는 인구의 60%가 무슬림이지만 중국계, 인도계 등 다양한 인종이 공존해 말레이어를 중심으로 영어, 중국어도 함께 사용되는 다문화 국가이며 쇼피에서 한국 제품이 가장 많이 판매되는 국가 중 하나입니다. 인구 3천2백만 명의 상대적으로 작은 나라이지만 2021년 경제성장률 전망치가 7.8%로 아세안 국가들 중 가장 높고, 세계은행이 발표하는 비즈니스 환경 순위도 190개국 중 12위, 1인당 국민소득은 1만 달러가 넘는 꽤 높은 구매력과 경제력을 보유하고 있습니다.

수도 : 쿠알라룸푸르(Kuala Lumpur)

면적 : 330만 ㎢(한반도의 1.5배)

인구 : 3,294만 명(2020, IMF)

시차 : -1시간(우리나라 시간보다 1시간 느림)

인구구성 : 말레이계(62%), 중국계(22%), 인도계(7%), 기타(1%), 외국인(8%)

종교 : 이슬람교(국교), 불교, 힌두교 (종교의 자유를 헌법으로 보장)

언어 : 말레이어(공용어), 영어, 중국어

화폐단위 : 링깃 (RM)

국내총생산(GDP) : 3,647억 151만 7,787.8달러 세계36위 (2019 한국은행)

1인당 GDP : 1만 1,414.84달러 세계56위 (2019 한국은행)

경제성장률(GDP기준) : 4.33% 세계52위 (2019 한국은행)

교 역 (2020년 기준) : 수출 : 91억 달러, 수입 : 89억 달러

말레이시아의 인터넷 보급률은 84%로 대부분의 다른 동남아 국가들보다 높으며, 이커머스 성장률은 세계 5위에 달합니다. 올해는 코로나19의 영향으로 온라인 거래가 더 늘어나면서 이커머스 시장이 지난해 대비 24.7% 증가할 것으로 GlobalData는 전망하였습니다. 또한 독일 시장조사업체 스태티스타(Statista)는 2020년 말레이시아 퍼스널 케어 시장의 규모를 3억 6천5백만 달러로 예측했으며 이 중 한국 화장품의 점유율이 2위를 차지하고 있습니다. 경쟁이 치열한 시장이지만 말레이시아 소비자들의 54%가 한국 제품을 선호한다고 응답한 만큼 K-뷰티에 대한 신뢰가 매우 큰 편입니다.

16세에서 64세 사이 말레이시아 사람들의 80%가 온라인 쇼핑을 즐긴다고 합니다. 남녀의 온라인 쇼핑 비중이 거의 50:50으로 비슷하며 도시에 거주하는 싱글 여성들의 '자신을 위한 소비'가 증가하고 있다는 점도 특징입니다.

아래 지표를 보면 2019년 대비 말레이시아 인구가 약 1.3% 증가하였으며 스마트폰과 인터넷 보급률 및 SNS 사용 인구도 증가할 것을 볼 수 있고 Youtube, Facebook, Whatsapp, Instagram 등 다양한 SNS를 사용하며 SNS 내 광고와 검색 엔진을 통해 새로운 브랜드를 찾고 있다고 합니다.

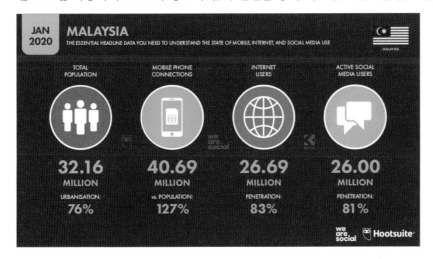

3-5 베트남 국가 현황 및 소비 성향

베트남은 오랜 세월 동안 끊임없는 외침을 모두 물리친 국민으로 자신들을 표현하며, 중국, 프랑스, 미국 등 강대국에 굴하지 않은 역사에 대한 자부심이 강한 편입니다. 베트남 전체 인구수는 약 9천6백만 명으로, 평균 연령이 약 30세로 매우 젊으며 젊은 층을 중심으로 온라인 시장도 활성화되고 있습니다. 베트남의 연평균 이커머스 시장 성장률은 약 30%로 동남아에서 인도네시아에 이어 두 번째로 빠른 국가입니다.

베트남
(Vietnam)

수도 : 하노이(Ha Noi)

면적 : 33.1만 ㎢(한반도의 1.5배)

인구 : 9,646만 명(2019, IMF)

시차 : -2시간(우리나라 시간보다 2시간 느림)

인구구성 : 베트남족 89%, 기타 53개 소수민족, 화교 약 100만 명

종교 : 불교(4.8%), 천주교(6.1%) 등

언어 : 베트남어(공용어)

화폐단위 : 베트남 동 (VND)

국내총생산(GDP) : 2,619억 2,124만 4,843.2달러 세계45위 (2019 한국은행)

1인당 GDP : 2,715.28달러 세계109위 (2019 한국은행)

경제성장률(GDP기준) : 7.02% 세계7위 (2019 한국은행)

교 역(2020년 기준) : 수출 : 482억 달러, 수입 : 211억 달러

쇼피코리아 발표에 따르면 베트남에서 2만 4천 명 이상의 고객들을 대상으로 설문 조사를 수행한 결과, 약 60%의 고객들이 쇼핑을 할 때 가장 중요한 요인으로 싱가포르와 같이 특가, 할인 혜택 등 '가격'이라고 응답했으며 싱가포르와는 반대로 3/4이 여성 고객이었습니다.

베트남의 고객층 중 온라인 쇼핑의 편리함을 우선순위로 두는 고객 7명 중 1명이 35세 이상으로, 중년층 고객들에게 집에서 편하게 즐길 수 있다는 점이 온라인 쇼핑 경험의 핵심임을 알 수 있습니다.

3-6 필리핀 국가 현황 및 소비 성향

필리핀 국민은 자신이 옳다고 생각하는 일을 하기보다는 남들이 어떻게 생각하는지에 더 신경을 쓰는 경향이 있으며, hiya(히야; 체면, 부끄러움)를 매우 중시하는 경향이 있습니다. 인도네시아 다음으로 많은 1억 1,000만 인구를 보유한 필리핀은 평균 연령 26세로 7,300만 인터넷 이용자 중 75%가 온라인 쇼핑을 즐기며 이커머스 시장 성장률이 멕시코, 인도에 이어 세계 3위를 기록할 정도로 빠르게 성장하고 있는 국가입니다.

필리핀
(Philippines)

수도 : 메트로마닐라(Metro Manila)
면적 : 300,400㎢(한반도의 1.3배)
인구 : 1억 1,104만 6,910명 세계13위 (2021 통계청)
시차 : -1시간(우리나라 시간보다 1시간 느림)
인구구성 : 말레이계가 주인종이며 중국, 미국, 스페인계 혼혈 다수
종교 : 천주교(83%), 개신교(9%), 이슬람교(5%), 불교 및 기타(3%)
언어 : 영어, 타갈로그어 (공용)
화폐단위 : 페소 (Peso)
국내총생산(GDP) : 3,767억 9,550만 8,679.7달러 세계33위 (2019 기준)
1인당 GDP : 3,485.08달러 세계103위 (2019 기준)
경제성장률(GDP기준) : 6.04% 세계14위 (2019 기준)
교 역(2020년 기준) : 수출 : 71억 달러, 수입 : 31억 달러

쇼피코리아에서 발표한 자료에 따르면 주 고객은 18세에서 34세 사이의 여성으로 쇼핑할 때 가장 신경 쓰는 요소는 "가격"이며 42%의 고객들이 특가와 할인 혜택에 영향을 받는다고 응답하였고 '브랜드'의 제품만을 찾아 온라인 쇼핑을 하는 고객들이 늘어나고 있다는 점도 특징입니다. 브랜드 애호가 고객들은 평균 25세로 젊은 층에게 브랜드 충성도가 온라인 쇼핑 경험에서 중요한 요소로 자리 잡고 있음을 알 수 있습니다.

3-7 대만 국가 현황 및 소비 성향

대만은 인구 2,300만으로 한국과 경제 수준이 비슷한 국가로 시장조사업체 유로모니터에 의하면 전자상거래 시장도 매년 약 8%씩 성장해 2024년까지 약 21조 원 규모를 형성할 것으로 예측하였으며 모바일 전자상거래 시장은 매년 11%씩 성장률을 보이고 2024년까지 약 18조 원 규모의 시장으로 성장할 것으로 전망하였습니다.

수도	타이베이 (Taipei)
면적	약 3.6만㎢(남한의 약 1/3)
인구	2,357만명(타이베이 266만명)
시차	-1시간(우리나라 시간보다 1시간 느림)
인구구성	한족(98%), 대만 원주민(2%)
종교	도교, 불교, 유교, 기독교, 천주교
언어	중국어(공용어), 민난어(대만 방언), 객가어(중국 남방지역 방언)
화폐단위	대만 달러 (TWD)
국내총생산(GDP)	6,108억 7,200만 달러 세계21위 (2019 한국은행)
1인당 GDP	2만 5,893달러 세계32위 (2019 한국은행)
경제성장률(GDP기준)	2.71% 세계81위 (2019 한국은행)
교 역(2020년 기준)	수출 : 164.6억불, 수입 : 178.4억불

대만
(Taiwan)

대만네트워크정보센터(TWNIC)에 의하면 24~38세의 온라인 구매율이 가장 높으며, 평균 지출 비용은 월 11만 원으로 25~44세 여성의 주문 비율이 60%를 차지하였습니다. 대만 고객들의 40%가 가격이 합리적(69%)이고, 상품 종류가 다양(42%) 하며, 할인 행사를 즐기기 위해(29%) 해외 직구 제품을 선호한다고 응답했으며 향후 해외 직구 제품을 이용할 의향이 있다고 응답한 소비자는 84%에 달해 직구 제품 구매 비율은 더 늘어날 것으로 예상됩니다.

K팝, K드라마, K스타일 등 한류의 영향력도 커서 대만에서는 한국 제품들도 인기리에 판매되며 해외 소비 트렌드나 인기 상품에 대한 관심이 높고, 익숙함 속에 새로움을 추구하는 소비 특성을 가지고 있습니다.

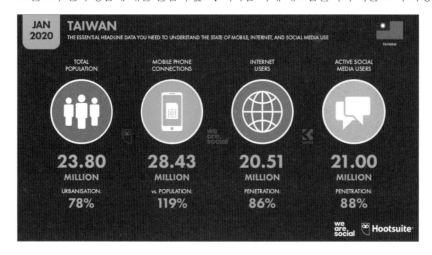

대만의 인터넷 사용자는 2,051만 명이며 인터넷 보급률은 86%, 그중 94.7%가 모바일 사용자입니다. 대만의 소셜 미디어 사용자는 2,100만 명으로 보급률은 88%를 나타내고 있습니다.

3-8 태국 국가 현황 및 소비 성향

태국은 2019년 기준 인구당 스마트폰 보급률이 72%에 달하는 "모바일 퍼스트(Mobile First)" 국가로 태국 소비자들은 쇼피를 통해 가장 많이 쇼핑을 즐깁니다. 한국 콘텐츠에 대한 관심이 한국 화장품, 한식으로 이어지며 한국 상품에 대한 선호도가 높은 편입니다.

태국 인구 약 7000만 명 중 70%(약 5000만)가 인터넷을 사용하며 이는 지난해보다 340만 명이 증가한 수치지만, 우리가 주목하고자 하는 것은 인터넷 사용 시간입니다. 태국은 하루 평균 8시간 44분을 인터넷에 사용합니다.

태국
(Thailand)

수도 : 방콕(Bangkok)
면적 : 51.3만㎢ (한반도의 2.3배)
인구 : 약 6,963만 명(2019, IMF)
시차 : -2시간(우리나라 시간보다 2시간 느림)
인구구성 : 타이족(85%), 화교(12%), 말레이(2%) 등
종교 : 불교 94.5%, 이슬람교 4.29%, 기독교(천주교 포함) 1.17%, 기타 0.04%
언어 : 타이어(공용어), 중국, 말레이어
화폐단위 : 밧 또는 바트 (Baht, 1Baht 100Satang)
국내총생산(GDP) : 5,436억 4,997만 6,165.6달러 - 세계23위 (2019 기준)
1인당 GDP : 7,808.19달러 - 세계70위 (2019 기준)
경제성장률(GDP기준) : 2.37% - 세계91위 (2019 기준)
교 역(2020년 기준) : 수출 : 78억 달러, 수입 : 53억 달러

2021년 태국의 소셜 미디어 통계 중 태국에서 가장 많이 사용되는 소셜 미디어 플랫폼은 페이스북으로 5,100만 명의 사용자(인구의 70% 이상)를 보유하고 있습니다. 다음은 유튜브 3730만 명, 페이스북 채팅 기능 메신저 3700만 명 순입니다. 그만큼 태국 고객들의 경우 SNS 등을 통해 새로운 상품과 브랜드를 찾고 있다고 볼 수 있습니다.

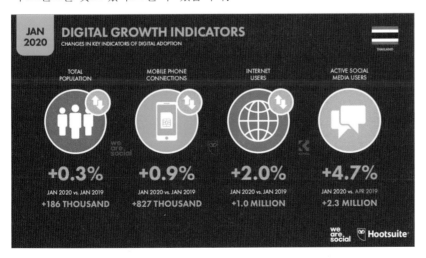

4 _ 쇼피 주요 프로모션 시즌

쇼피코리아에서 발표한 자료(2021년 기준)에 따르면 연말까지 모든 판매 국가에서 8.8, 9.9, 10.10, 11.11, 12.12 캠페인이 예정되어 있으며 캠페인 전부터 당일까지 약 1~2주 정도 사전 할인 캠페인 기간도 준비되어 있다고 하니 셀러 들은 미리 쇼핑 시즌을 확인하여 준비하는 것이 중요합니다. 다음 표는 쇼피의 주요 프로모션 시즌을 국가별로 정리한 내역이니 프로모션 시작 2~3개월 전에 미리 상품을 준비하고 프로모션을 대비하는 것이 좋습니다.

2021년	프로모션 내용	프로모션 국가						
		SG	MY	VN	PH	TH	Tw	ID
1월(January)	원단(元旦, New Year's Day)	✓		✓		✓	✓	✓
	중국설날(中国春节, Chinese New Year)	✓	✓					
	신년대촉(新年大促, 신년이벤트, New Year Promotion)			✓	✓			✓
	여성의날(여신절(女神节), Women's Day)					✓		
	모성절(母嬰季, Mother and baby Day)			✓	✓			
	어린이날(儿童节, Children's Day)					✓		
2월(February)	발렌타인데이(정인절(情人节), Valentine Day)	✓	✓	✓	✓	✓	✓	✓
	설날 빅세일(春节大促, Spring Festival)	✓	✓	✓	✓	✓	✓	✓
	3.3데이(3.3大促, 쇼피 맨 세일(Shopee Men's Sale)	✓	✓	✓	✓	✓	✓	✓
	3.8 세계 여성의 날(女神节(여신절), International Women's Day)	✓	✓	✓	✓	✓	✓	✓
3월(March)	화이트데이(White Day)	✓						
	모성절(母嬰季, Mother and baby Day)			✓				
	패션 세일(Fashion Sale)							✓
	슈퍼마켓 세일(Supermarket Sale)			✓				
	4.4데이(4.4大促)	✓	✓	✓	✓	✓		
	쇼피 마트(Shopee Mart) 세일	✓						
4월(April)	어린이날(儿童节, Children's Day)						✓	
	부활절(复活节, Easter)				✓			
	물뿌리기 축제(泼水节, Water-splashing Festival)					✓		
	메가 일렉트로닉 세일(消费电子季, Mega Electronics Sale)							✓
	빅 라마단 세일(开斋节, Big Ramadhan Sale)			✓				✓
	브랜드 페스티벌(Brand Festival)				✓	✓		
	5.5데이(5.5大促)				✓	✓		
	어머니의 날(Mother's Day)	✓	✓	✓	✓		✓	
	노동절(劳动节, Labor Day			✓		✓		✓
5월(May)	뷰티 보난자(Beauty Bonanza)	✓						
	빅 라마단 세일(开斋节, Big Ramadhan Sale)			✓				✓
	남성의 날(男人节, Men's Day)						✓	
	썸머 세일(Summer Sale)			✓				
	6.6데이(6.6大促)			✓	✓			✓
6월(June)	어린이날(儿童节, Children's Day)			✓	✓			
	그레이트 쇼피 세일(Great Shopee Sale)	✓						

월(Month)	행사							
	라이프스타일 세일(Lifestyle Sale)							✓
	아버지의 날(쇼피 포 맨(Shopee for Men))		✓	✓	✓			
6월(June)	단오절(端午节, Dragon Boat Festival)						✓	
	6.18 빅 프로모션(Big Promotion)	✓				✓	✓	
	6.6-7.7 미드 이어 세일(年中大促, Mid-year big promotion)	✓		✓	✓		✓	
	7.7데이(7.7大促)	✓		✓		✓		
	어린이날(儿童节, Children's Day)							✓
	6.6-7.7 미드 이어 세일(年中大促, Mid-year big promotion)	✓		✓	✓	✓	✓	
7월(July)	7/15-27 브랜드 페스티벌(Brands Festival)	✓						
	7/18 글로벌 딜 세일(Global Deals Sale)			✓				
	7/23, 24 헬스&뷰티 세일(Health & Beauty Sale) / 어패럴 세일(Apparel Sale)			✓				
	7/26-28 크로스보더 브랜드 데이(Brand Day)					✓		
	8.1 온라인 메가 세일(Online Mega Sale)						✓	
	8.8 메가 세일(8.8大促)			✓	✓	✓		✓
	8.8 내셔널 데이 세일(国庆大促, National Day Sale)	✓	✓					
	아버지의 날(8.8 쇼피 맨 세일, Men's Festival)						✓	
	어머니의 날(母亲节, Mother's Day)					✓		
8월(August)	칠월칠석 연인의 날(七夕情人节)						✓	
	8.9 싱가포르 독립기념일(Singapore Independence Day)	✓						
	인도 독립기념일(ID Independence Day)							✓
	8/12 왕대비 탄신일/어머니의 날						✓	
	신학기(返校季, Back to school)	✓	✓	✓	✓		✓	✓
	8/31 메르데카 말레이시아 독립기념일(Hari Merdeka)		✓					
	9.9 슈퍼 쇼핑 데이(9.9大促)	✓	✓	✓	✓	✓	✓	✓
9월(September)	9/18-21 중추절(Mid-Autumn Festival)			✓		✓	✓	
	9/16 말레이시아의 날(Malaysia Day)		✓					
	9월 MYCyber Sale		✓					
	10.10 슈퍼 브랜드 데이(10.10大促)	✓	✓	✓	✓	✓	✓	✓
	10/9-11 내셔널 데이 세일						✓	
10월(October)	10.10 대만 건국기념일(쌍십절)						✓	
	여성의날(여신절(女神节), Women's Day)						✓	
	10월 MYCyber Sale		✓					
	할로윈 데이(万圣节(만성절), Halloween)	✓	✓	✓	✓		✓	✓
	11.11 빅 세일(쌍십일(双11大促))	✓	✓	✓	✓	✓	✓	✓
11월(November)	수등절(水灯节, Water Lantern Festival)					✓		
	11/26 블랙 프라이데이(Black Friday)	✓	✓	✓	✓		✓	✓
	12.12 버스데이 세일(쇼피의 생일을 기념)	✓	✓	✓	✓	✓	✓	✓
	아버지의 날(父亲节, Father's Day)					✓		
	어머니의 날(母亲节, Mother's Day)							✓
12월(December)	온라인 프라이데이(ONline Friday)			✓				
	12/25 크리스마스 세일	✓	✓	✓	✓	✓	✓	✓
	12/31 연말 세일	✓	✓	✓	✓	✓	✓	✓

5 _ 쇼피 국가별 인기 카테고리

동남아시아는 한국의 K-POP 스타들의 동영상 조회수가 높은 편이며, 한국 아이돌과 한류스타에 대한 관심도 높은 지역입니다. 동남아시아에서 한류문화 콘텐츠를 경험한 인구가 3억 5000만 명으로 한국의 뷰티 또는 패션 등이 큰 인기를 끌고 있습니다. 이에 한국 패션 상품에 대한 수요도 늘어나고 있으며 한국 화장품에 대한 수요도 늘어나고 있지만 아직 공급은 부족한 상황이라고 하니 이러한 카테고리를 노려보는 것도 좋은 방법입니다.

앞서 "쇼피 2021년 주요 프로모션 시즌"에서 설명한 것 같이 쇼피에서는 여러 가지 프로모션이 준비되어 있습니다. 이에 맞추어 쇼피 각 국가별로 인기 있는 카테고리를 확인하고 카테고리에 맞는 상품과 프로모션을 기획하는 것이 중요합니다. 아래 이미지는 쇼피 국가별 인기 카테고리를 정리한 내용이니 상품 소싱에 참고하기 바랍니다.

쇼피코리아 발표에 따르면 싱가포르의 경우 TOP 셀링 K-카테고리는 헬스&뷰티, 식료품, 홈&리빙 관련 상품 들입니다.

5-1 싱가포르 헬스&뷰티 카테고리

싱가포르는 아시아 전체 뷰티 산업 규모 5위를 차지할 정도로 핵심적인 뷰티 시장인데 남녀 3명 중 1명이 K뷰티 상품을 일상적으로 사용할 만큼 K뷰티의 인기도 남다릅니다. 피지 조절과 피부 트러블 관리를 위한 스킨케어 제품이 주로 인기 있고, 새로운 제품을 시도해 보는 것에 적극적이어서 국내 인디 브랜드들에게도 진입 장벽이 낮은 편입니다.

5-2 싱가포르 식료품 카테고리

지난해 싱가포르에서는 코로나19로 인해 온라인으로 식품을 구매하는 비율이 급증했습니다. 특히 기초 면역력 강화 및 건강 관리의 중요성이 커지면서 건강보조식품에 대한 수요가 증가했으며 종합 비타민, 유산균의 수요가 높고, 인삼, 크랜베리 등 천연재료를 함유한 보조 식품을 선호하는 경향이 나타났습니다. 이와 함께 인기 있는 K푸드로는 인스턴트커피, 불닭볶음소스 등의 식재료 소스가 있습니다.

5-3 싱가포르 홈&리빙 카테고리

집에 머무르는 시간이 길어지면서 싱가포르에서도 국내와 같이 홈&리빙 카테고리의 수요가 급부상 했습니다. 냄비, 프라이팬, 에어프라이어 등의 홈 쿠킹 제품의 수요가 크고, 향초와 같은 인테리어 소품, 침구, 토퍼류의 인기도 높습니다. 그 외에 다른 국가들에 대한 설명은 쇼피코리아 블로그에 자세히 설명되어 있으니 찾아보는 것도 도움이 됩니다.

또한, 쇼피에서 전자제품에 대한 수요도 많은데 전자제품을 판매할 판매자라면 다음 표에 표기한 국가별 전압과 전기 콘센트를 확인하여 국가별 콘센트를 제공하는 것도 하나의 판매 전략이라고 볼 수 있습니다.

A형	B형	E형	F형	I형	J형	M형
100/110/120V	220/230/240V	220V	220/230/240V	220/230/240V	220/230V	220/230/240V
중국, 필리핀, 일본, 타이, 미국, 캐나다 등	일본, 타이, 타이완, 미국, 캐나다 등	프랑스, 체코, 벨기에, 덴마크 등	인도네시아, 마카오, 이탈리아, 프랑스 등	중국, 오스트레일리아, 뉴질랜드, 아르헨티나 등	스위스, 요르단, 마다가스카, 르완다 등	싱가포르, 말레이시아, 인도, 네팔, 파키스탄

N형	C형	D형	G형	H형	K형	L형
220/230V	220/230/240V	220/230V	220/230/240V	230V	230V	220/230V
브라질, 남아프리카 공화국 등	이탈리아, 마카오, 인도, 네팔, 이라크 등	홍콩, 마카오, 인도, 네팔, 이라크 등	홍콩, 싱가포르, 말레이시아, 베트남 등	이스라엘	방글라데시, 덴마크, 세네갈 등	이탈리아, 칠레, 리비아 등

6 _ 한국 판매자를 위한 쇼피코리아 지원 사항

쇼피코리아에서는 새로 진입하는 신규 판매자 들을 돕기 위해 계정 생성부터 판매 확장을 위한 인큐베이션 과정, 담당 MD와 협업해 프로모션 또는 캠페인 등에 참여할 수 있는 셀러 매니지먼트, 온/오프라인 교육, 세미나 진행, 통합 물류 시스템 및 물류비 지원까지 많은 지원을 아끼지 않고 있습니다.

6-1 쇼피코리아 입점 지원

구분	입점지원	인큐베이션과정(2달)	셀러 매니지먼트
담당팀	셀러 애퀴지션(Seller Acquisiton) 팀	인큐베이션(Incubation) + 셀러 애퀴지션(Seller Acquisiton) 팀	셀러 매니지먼트(Seller Management) 팀
지원 기준	• 국내 소재 사업자등록증 및 국내 계좌 보유 • 국내에 상품 재고가 있으며, 김포 또는 동탄 집하지를 통해 국외 발송이 가능할 것	• 브랜드 셀러의 경우 1개, 리셀러의 경우 10개의 상품을 등록 후 검수 과정 통과 • 영업일 기준 3일 내에 이메일을 통해 인큐베이션 입학 안내를 받게 됨	• 인큐베이션 2개월 과정 졸업 후 • Key Account Management Team 1~3 으로 구분 • 셀러 선정 기준 KAM1(브랜드), KAM2(리셀러/유통사), KAM3(셀러 CS)
지원 사항	1) 입문 세미나 참석 (온/오프라인) 2) 입점 안내 매뉴얼 공유 3) 초반 10개 상품 등록 지원 4) SA팀에 탑 셀링 상품 + 가격 제안해 초반 마케팅 대상 풀로 진입	1) 정기 세미나를 통한 셀러 교육 2) 샵 소개, 상품, 바우처 샵 세팅 3) 운영에 필요한 자료 제작 및 공유 4) 초기 마켓확장 지원 5) 셀러 정착 지원 상담	1) 셀러 매니지먼트 팀 지원 내용 ❶ 쇼피 신규 기능, 정책 업데이트 안내 ❷ 정기 프로모션 캠페인 참가 브랜드/셀러 선정 및 지원 ❸ K팝 아이돌 등 인플루언서와 함께하는 K 브랜드 중심 프로모션 기획 ❹ 광고 배너, 플래쉬 딜(Flash Deal), 앱푸쉬(app Push) 등 한국 셀러 노출 확대 지원 ❺ 결제, 물류, 상품 등록 등 전반적인 이슈 해결 지원 2) 쇼피코리아 CS팀 지원 내용 ❶ 상품 리스팅 오류 관련 문의 ❷ 브랜드 등록 ❸ 정산 관련 문의 ❹ IT 및 셀러센터 관련 문의 ❺ 물류 관련 문의
운영 지원	1) 입점 가입비 무료 2) 판매 수수료 3% 3) 현지어(인도네시아, 태국, 베트남, 대만) 고객 응대 서비스 지원 4) 상품명 및 상품 설명 무료 번역 서비스 지원		
물류 지원	1) 쇼피 통합물류시스템을 통하여 물류 시스템을 지원하고 해외 배송비 일부 금액(1999SGD, 약 165만 원)을 지원 2) SLS 셀러 센터에서 배송 라벨 출력 후 쇼피 물류 창고까지만 배송(김포 및 동탄 집하지) 시 현지 고객 주소지까지 배송 처리를 하는 원스톱 물류 서비스 지원 3) 결제 문제인 COD(cash on dilevery : 제품 배달 시 배달원에게 물품 대금을 현금 지급 방식) 문제까지 해결		
추가 지원	1) 온라인/오프라인 교육: 최신 마켓 인사이트를 뉴스레터, 공지 등을 통해 공유 2) 세미나 진행: 다양한 세미나, 교육을 통해 운영 팁과 마케팅 방법, 성공사례 분석 등 유용한 정보 제공 3) 무료 번역/고객 응대 지원: 한국 셀러의 해외 판매 장벽 최소화를 위해 현지어(대만, 인도네시아어) 번역 지원 및 국가별 고객 응대 방안 안내 4) 현지 온라인 마케팅 지원: 페이스북, 구글과 같은 마케팅 파트너사와 협업해 한국 셀러들의 현지 온라인 마케팅 지원 5) 수출 지원 사업: 중앙 및 각 지방 자치 단체와 파트너십을 통한 수출 지원 사업 참여		

6-2 마켓 확장을 위한 쇼피코리아 지원 사항

쇼피코리아 발표에 따르면 1개 마켓에서 샵을 운영한 셀러보다 2~7개 마켓에서 샵을 운영한 셀러의 경우 하루 평균 주문 건수는 최대 46배, 하루 평균 매출은 최대 36배 더 높은 것으로 나타났습니다. 매출을 높이길 원하는 판매자의 경우 마켓 확장은 필수입니다.

쇼핑코리아 지원 사항	마켓 확장 지원 내용
샵 운영을 위한 인력 문제 해결	❶ 쇼피 외부 파트너사가 제공하는 ERP 서비스 ❷ 쇼피 현지 인력이 제공하는 CS 서비스 (유료) ❸ 쇼피 마케팅 솔루션팀의 외부광고 서비스 ❹ 쇼피 SIP(Shopee International Platform) 팀의 샵 개시 및 운영 지원
현지 시장에 대한 정보 습득	❶ 쇼피 셀러 분들에게만 발송하는 월간 뉴스레터 ❷ 트렌디한 아이템 선정을 위한 키워드 서치 랭킹 리포트 ❸ 현지 마켓에서 요구하는 판매 카테고리 정보를 담은 카테고리 바이블
SLS 불가 지역인 대만으로 확장	❶ SLS불가 지역인 대만의 경우, 새롭게 도입된 SPS(Shopee Pickup Service)로 국내 집하지까지 배송비 절감 가능

6-3 원스톱 동남아 4개국 진출 지원

원스톱 동남아 4개국 진출 서비스는 쇼피코리아에서 싱가포르 입점 완료 후 10개 이상의 상품을 등록한 판매자에게 말레이시아, 필리핀, 베트남 마켓에 입점부터 상품 등록까지 완료해 주는 서비스로 2021년 5월 24일 이후 모든 신규 셀러에게 적용되며 별도의 신청 절차 없이 진행이 가능합니다.

> **TIP** 원스톱 동남아 4개국 진출 패키지 서비스란?
>
> 쇼피 입점 단계에서 셀러 분들의 더욱 빠른 동남아 4개국 진출 지원을 위해 마련된 서비스입니다. 첫 번째 마켓인 싱가포르에 입점하여 상품등록 완료 기준을 충족하시면 쇼피코리아 담당팀에서 말레이시아, 필리핀, 베트남 마켓에 '샵 생성'부터 '상품 등록'까지 완료해 드리는 서비스입니다.
>
> • 상품 등록 완료 기준
> – 유통사 / 리셀러 : 10개 이상의 상품 등록 후 입점 완료 처리
> – 브랜드사 자체 보유한 브랜드사의 경우 10개 미만 등록되어도 입점 완료 처리
> ◆ 출처 _ 쇼피코리아

원스톱 동남아 4개국 진출 패키지 입점 절차는 다음과 같습니다.

◆ 출처 _ 쇼피코리아

주의 사항으로는 상품 등록은 첫 번째 마켓인 싱가포르와 동일한 상품으로 등록되며 싱가포르 상품 가격 기준으로 50% 상향한 가격이 베트남의 경우 100만 VND 이상 시, 필리핀의 경우 5000 PHP 이상 시 재고 수량이 "0"으로 표시되니 재고 수량을 수정하여야 합니다.

02 쇼피 싱가포르 둘러보기

쇼피에서 판매를 할 계획이라면 쇼피 구매자 페이지 구성이 어떻게 되어 있고 검색 결과는 어떤 형태로 나오는지, 상품 상세 화면에는 어떠한 내용들이 표시되는지 자세히 알고 있어야 상품을 등록할 때에도 중요한 부분을 놓치지 않고 등록할 수 있습니다. 이번 장에서는 쇼피 싱가포르에서 상품의 검색과 상품을 상세히 보는 방법에 대해 설명하겠습니다.

1 _ 쇼피 싱가포르 살펴보기

1-1 쇼피 싱가포르 메인 화면 살펴보기

앞서서 설명한 것같이 싱가포르는 쇼피 앱(App)을 통한 구매가 많기 때문에 모바일 최적화가 중요한 부분을 차지합니다. 상품 등록 시 모바일에서 잘 보일 수 있도록 등록하는 것이 판매율을 높이는 방식이니 이점에 중점을 두어야 합니다. 아래 이미지는 쇼피 싱가포르의 PC 화면과 모바일 화면을 비교해 둔 것이다. 이미지에서 보는 것과 같이 PC 화면이 모바일에서도 동일한 영역으로 보이고 있습니다.

◆ PC 화면　　　　　　　　　　　　　◆ 모바일 화면

1-2 쇼피 싱가포르 메인 PC 화면 세부 설명

구매자가 보는 쇼피 싱가포르 PC 화면에는 캠페인 배너, 바우처, 카테고리, 플래시 딜 등 광고 영역들이 노출되고 있으며 구매자가 검색 또는 관심 상품으로 등록한 상품에 대해 비슷한 상품을 보여주는 "DAILY DISCOVER" 영역도 있습니다. 각 영역에 대해 알아보겠습니다.

❶ LOGO & Seatch bar

❸ Vouchers & ETC
바우처 및 기타 배너 영역

❷ Campaign Banner
캠페인배너 영역

❹ BIG BRAND DISCOUNTS
브랜드 상품 할인 영역

❺ CATEGORIES
카테고리 영역

❻ FLASH DEALS
기간 프로모션 영역

❶ LOGO & Search bar

LOGO & Search bar는 쇼피 로고와 상품 검색 바 영역입니다. 보통 쇼피 구매자들의 경우 Search bar에 검색 키워드를 입력하여 상품을 검색합니다. 검색 바 하단에 표시되는 키워드는 구매자들이 많이 검색한 키워드가 표시되니 상품 소싱 시 참조하시기 바랍니다.

❷ Campaign Banner (캠페인 배너 영역)

캠페인 배너 영역은 쇼피에서 진행하고 있는 캠페인들에 대한 배너가 표시되는 영역입니다. 앞서 설명한 "쇼피 주요 프로모션 시즌"을 확인하여 참여할 수 있는 캠페인이 있다면 적극 참여하는 것을 추천합니다.

❸ Vouchers & ETC (바우처 및 기타 배너 영역)

바우처 및 기타 배너 영역은 쇼피에서 진행되고 있는 바우처 또는 할인 등을 확인하실 수 있는 배너 영역입니다.

❹ BIG BRAND DISCOUNTS (브랜드 상품 할인 영역)

브랜드 상품 할인 영역은 브랜드 상품에 대한 할인, 프로모션, 바우처 등을 확인하실 수 있는 영역입니다.

❺ CATEGORIES (카테고리 영역)

카테고리 영역은 쇼피 싱가포르의 대분류 카테고리를 확인하실 수 있는 영역으로 클릭하면 세부 상품들을 확인하실 수 있습니다.

❻ FLASH DEALS (기간 프로모션 영역)

Shopee Flash Deal은 제한된 기간 동안 독점적으로 제공되는 매력적인 거래를 제공하는 인기 있는 프로모션 이벤트로 My Shop의 Flash Deal과 다른 Shopee에서 주최하는 공식 플래시 판매 이벤트 상품을 확인하실 수 있는 영역입니다.

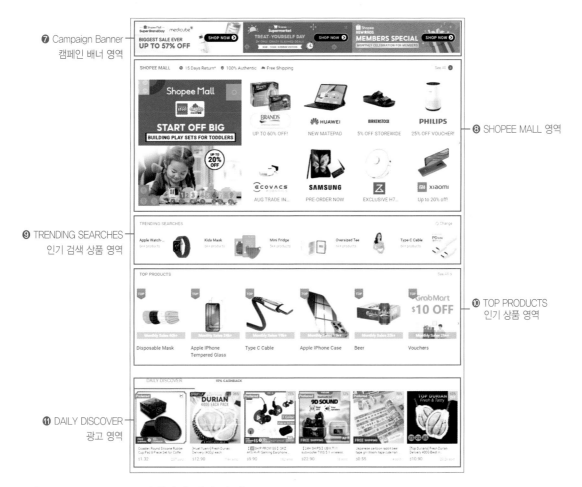

❼ Campaign Banner 캠페인 배너 영역

❽ SHOPEE MALL 영역

❾ TRENDING SEARCHES 인기 검색 상품 영역

❿ TOP PRODUCTS 인기 상품 영역

⓫ DAILY DISCOVER 광고 영역

❼ Campaign Banner (캠페인 배너 영역)

캠페인 배너 영역은 ❷ 캠페인 배너 영역과 같은 쇼피 캠페인 배너 광고 영역입니다.

❽ SHOPEE MALL 영역

SHOPEE MALL 영역은 쇼피의 공식몰 SHOPEE MALL 상품들이 노출되는 영역으로 공신력 있는 상품임을 홍보할 수 있는 곳으로 상품의 판권자, 제조사, 총판권자들이 판매자 가입 시 신청할 수 있습니다.

❾ TRENDING SEARCHES (인기 검색 상품 영역)

인기 검색 상품 영역은 급상승 인기 검색어 상품을 보여주는 영역으로 트렌드 한 상품을 확인하실 수 있는 영역입니다.

❿ TOP PRODUCTS (인기 상품 영역)

인기 상품 영역은 각 카테고리별로 가장 인기 있는 상품을 보여주는 영역으로 판매량은 많은 상품들을 보여 줍니다.

⓫ DAILY DISCOVER (광고 영역)

DAILY DISCOVER는 광고 영역으로 판매자가 광고를 설정한 상품에 대해 구매자가 검색했던 유사 상품이나 구매했던 유사 상품을 보여주는 영역입니다. 디스커버리 광고는 앞으로 더 많은 디스플레이 위치에 게재될 예정이니 디스커버리 광고를 사용해 보는 것을 추천합니다.

2 _ 검색결과 화면 살펴보기

쇼피 싱가포르 구매자들의 경우 바우처 상품이나 인기 상품 등을 선택하는 경우도 있지만 평균적으로는 아래 이미지와 같이 검색 바에 찾고자 하는 상품에 대해 키워드로 검색하여 상품을 찾는 경우가 많습니다.

예를 들어 아래 이미지와 같이 "Women bag"을 검색하면 검색 결과 화면에 진행하고 있는 Deals 알림 영역이 있어 Deals 진행 상품을 확인하실 수 있고, 판매자가 운영하고 샵에 대해 샵 광고를 진행하면 랜덤으로 표시되는 샵 광고 영역이 표시됩니다. 그 아래에는 키워드와 관련된 상품들이 노출됩니다.

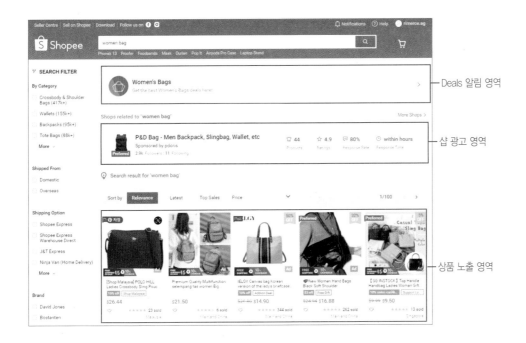

3 _ 상품 상세 화면 살펴보기

구매자가 보는 상품 상세 화면은 어떻게 구성되어 있는지 어떠한 부분이 중요한지에 대해 알아보겠습니다. 각 영역별로 중요한 포인트들이 있으니 세심하게 챙기는 것이 중요합니다.

❶ 상품 이미지 영역으로 메인 이미지(Cover Photo)와 제품 비디오를 포함하여 최대 9개의 이미지를 업로드 할 수 있습니다. 상품 사용 동영상의 경우 구매자들이 상품을 구매하는데 많은 영향을 주기 때문에 구매 전환율을 높일 수 있는 하나의 방법입니다.

❷ 상품명이 표시되는 영역으로 총 255자를 입력할 수 있습니다. 상품명 형식은 브랜드+모델명+사양+사이 즈/색상 순으로 입력하는 것이 좋고 전체 대문자 또는 스팸 키워드는 사용하지 말아야 합니다.

❸ 상품의 피드백 점수와 누적 판매 수량을 확인하실 수 있습니다.

❹ 상품 판매 가격을 확인하실 수 있으며 FLASH DEALS 등 할인 사항도 확인 가능합니다.

❺ 바우처 같은 할인쿠폰 등을 확인하실 수 있습니다.

❻ 상품이 출발하는 위치, 배송 방법, 배송 비용 등을 확인하실 수 있습니다.

❼ 상품의 옵션을 확인하실 수 있습니다.

❽ 판매자 정보를 확인하실 수 있는 영역으로 고객에 대한 응답률 및 응답 시간, 판매 시기, 상품 수, 고객 평 가 등을 확인하실 수 있습니다.

❾ 상품의 상세 사항을 확인하실 수 있는 영역으로 상품 검색에 영양을 주기 때문에 입력할 수 있는 부분은 최 대한 입력하는 것이 좋습니다.

❿ 상품 상세 설명이 표시되는 영 역으로 한국에서는 보통 이미지 로 상세 설명을 제작하여 등록하 지만 쇼피에서는 텍스트만 입력 합니다. 상세 페이지에 텍스트만 입력하는 이유는 현지 구매자들 의 인터넷 환경과 모바일 환경을 생각한다면 충분히 이해할 수 있 을 것으로 사료됩니다.

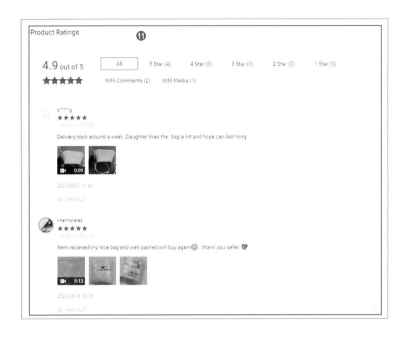

⓫ 구매자들이 남긴 상품평을 확인하실 수 있습니다. 이 상품평에 따라 상품 노출에도 영양을 주니 상품평 관리도 중요합니다.

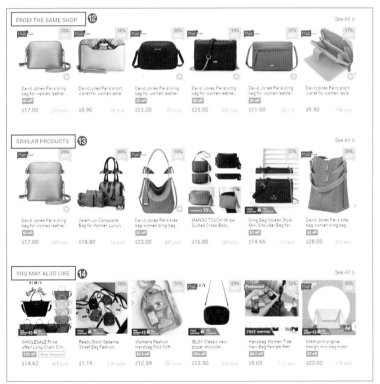

⓬ FROM THE SAME SHOP: 같은 샵의 다른 상품을 확인하실 수 있습니다.

⓭ SIMILAR PRODUCTS: 쇼피에 등록된 유사한 상품을 확인하실 수 있습니다.

⓮ YOU MAY ALSO LIKE: 이 상품을 클릭한 구매자가 관심 있어 할 상품을 확인하실 수 있습니다.

4 _ Shopee 시장조사 방법

쇼피의 시장조사 방법은 어떻게 보면 단순합니다. "TOP PRODUCTS"가 메인 페이지에 표시되어 있고 각 상품마다 판매량(SOLD) 등을 바로 확인하실 수 있기 때문입니다. 그럼, 쇼피 시장 조사 방법에 대해 알아보도록 하겠습니다.

4-1 TOP PRODUCTS 확인하기

쇼피 싱가포르 웹 사이트에 접속하면 아래 이미지와 같이 화면 중간 부분에 "TOP PRODUCTS" 영역을 확인하실 수 있습니다.

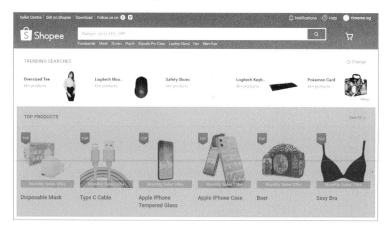

"TOP PRODUCTS" 영역에서 우측 [See All] 메뉴를 클릭하면 아래 이미지와 같이 추가적인 상품과 카테고리를 확인하실 수 있습니다.

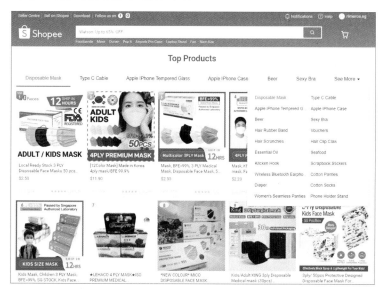

4-2 판매량 확인하기

"TOP PRODUCTS"을 확인했다면 다음으로는 판매량을 알아야 합니다. 판매량을 안다는 것은 그 상품을 진행해 볼만 한지 등을 판단할 수 있는 자료이기 때문입니다. 아래 이미지와 같이 상품별 하단을 보면 판매 가격과 판매량 등을 확인할 수 있는데 상품을 클릭하여 자세히 살펴보겠습니다.

선택한 상품을 클릭하면 아래 이미지와 같이 상품에 대한 상세 내용을 확인하실 수 있으며 그중 "7.7k Sold"로 표시되어 있는 것이 판매량을 의미합니다. 이 상품의 경우 7천7백 개 정도 판매가 되었습니다. 그 외에도 고객이 남긴 상품 평점을 확인하실 수 있는데 "4.9" 별점을 클릭하면 상품 평가를 확인하실 수 있습니다.

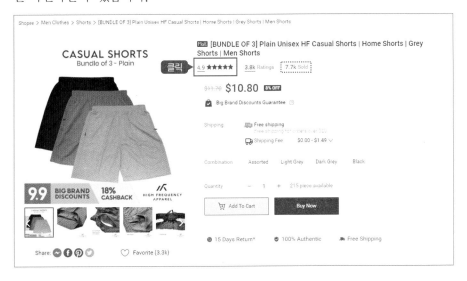

4-3 판매자 다른 상품 보기

다음으로 확인해 볼 것은 판매자의 다른 상품이나 판매자의 Shop을 확인하는 것입니다. 현재 이 상품을 판매하고 있는 판매자는 연관되는 상품으로는 어떠한 것을 판매하고 있는지 그 외에도 판매가 잘되는 상품들은 무엇인지를 파악한다면 시장에 진입할 때 좀 더 수월하게 진입할 수 있을 것입니다.

❶ View Shop: 판매자의 샵을 확인하실 수 있는 메뉴입니다.

❷ Products: 이 판매자가 판매하고 있는 상품 및 상품 수량을 확인하실 수 있습니다.

아래 이미지는 View Shop을 클릭하여 판매자의 샵에 들어간 화면입니다.

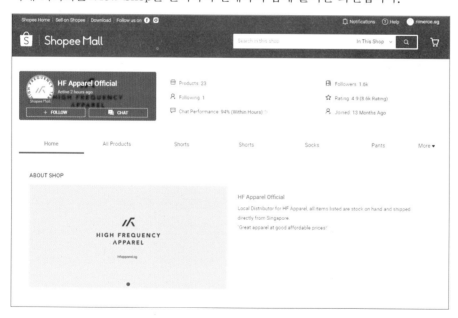

아래 이미지는 Products을 클릭하여 판매자가 판매하고 있는 전체 상품을 확인한 화면입니다.

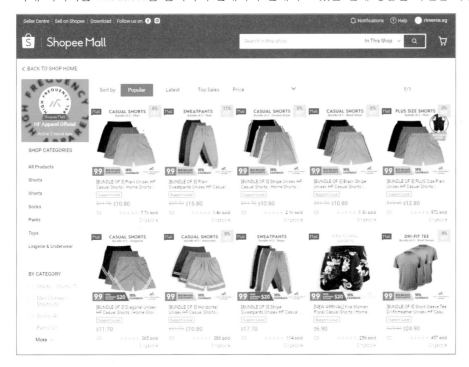

5 _ 전문가 한마디

앞서 설명한 것과 같이 쇼피 내에서 시장 조사를 할 수 있는 방법도 있지만 Third Party 등을 이용하여 시장 조사 및 키워드 검색, 상품 분석 등을 할 수도 있습니다.

그중 저자가 사용하는 Split Dragon (https://www.splitdragon.com)에 대해 설명해 보도록 하겠습니다.

Split Dragon은 싱가포르, 인도네시아, 필리핀, 말레이시아, 태국, 베트남, 대만 등 쇼피에 대해 시장 조사, 경쟁사 추적, 검색 순위 추적, 알고리즘 분할 테스트, 제품 분석기, 키워드 연구, IP 보호, Shopee 자동 제품 부스트 등을 확인하실 수 있는 웹 사이트로 광범위한 제품 및 판매자 데이터를 제공받을 수 있습니다.

Split Dragon은 유료 사이트로 월별로 결제할 수도 있고 1년 사용료를 한 번에 결제할 수도 있습니다. 월별로 결제하여 사용하는 것을 추천합니다.

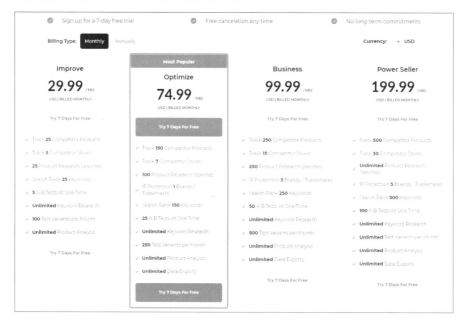

Split Dragon의 Market Research Tool을 사용하면 다음과 같이 쇼피 국가별로 시장 조사를 할 수 있습니다.

아래 이미지는 쇼피 필리핀에서 판매되고 있는 "Adidas T-Shirt"에 대해 조사한 화면입니다.

PRODUCT TITLE		CATEGORY	MONTHLY REVENUE	MONTHLY SALES	PRICE	REVIEWS	RATING	STORE URL
	Adidas Short for mEn COD	Sports & Travel	₱30,883.00	4145	₱89.00	934	4.7	View in store
	Adidas dri-fit sports running fitness comprehensive fitness cloth tights short-sleeve T-shirt	Sports & Travel	₱76,715.00	3407	₱229.00	1128	5	View in store
	Adidas Alpha Bounce Unisex Running Women Men Shoes Rubber Yeezy 330 V2	Sports & Travel	₱36,261.00	3302	₱459.00	1459	4.6	View in store

Need Help? Chat Us!

Split Dragon을 사용하여 판매할 상품의 경재 상품은 무엇인지, 보안 상품은 무엇인지, 상품의 판매 지속 가능성은 어떠한지 등에 대해 파악하고 상품을 소싱하는 것을 추천합니다.

03 쇼피 싱가포르 판매자 정책 이해하기

쇼피에 처음 진출해 판매를 하는 판매자들을 보면 쇼피의 정확한 정책을 확인하지 않고 판매자 가입이나 상품 등록을 하는 경우가 많습니다. 쇼피 판매 시에는 쇼피의 판매 정책을 정확히 이해하고 있어야 리스팅 제한, 판매자 페널티 등을 피할 수 있으니 자세히 숙지하길 추천합니다. 쇼피의 판매자 정책은 각 국가마다 조금씩 차이가 있으니 각 국가별로 정책을 확인하여야 합니다.

1 _ 쇼피 싱가포르 수수료

1-1 쇼피 싱가포르 판매 수수료

쇼피 싱가포르의 판매 수수료는 크게 3가지로 나누어 볼 수 있는데 상품이 판매되고 나면 발생하는 판매 수수료, 현지 결재 대행사인 PG사 수수료, 쇼피에서 판매된 판매 대금을 정산 받아 페이오니아에서 인출할 때 발생하는 인출 수수료 등으로 구분할 수 있습니다. 쇼피에서 발생되는 모든 수수료는 판매 가격 + 배송비를 합한 금액에 대해 부과된다는 점에 주의하여야 합니다.

수수료 내용	수수료율	설명
쇼피 판매 수수료	3 %	판매 가격 + 배송비를 포함한 금액에 부과
현지 PG사 수수료	2 %	PG사 수수료 제외 후 판매 대금 정산
페이오니아 인출 수수료	1.2 %	쇼피에서 정산 받은 금액을 한국 계좌로 인출 시 부과

쇼피 싱가포르 수수료 계산의 예

- 판매 가격 (SGD $90) + 배송비 (SGD $10) = SGD $100 (Shopee 바우처/Shopee 코인 적용 후)
- 3% 판매 수수료: SGD $100 x 3% = SGD $3
- 2% PG사 수수료: SGD $100 x 2%= SGD $2
- 판매 정산 금액: SGD $100 − SGD $3 − SGD $2 = SGD $95
- 페이오니아 인출 수수료: SGD $95 x 1.2% = SGD $1.14
- 실 수령액: SGD $95 − SGD $1.14 = SGD $93.86

1-2 배송 조건 확인하기

쇼피 싱가포르의 배송 과정은 아래 이미지와 같이 주문이 들어오면 판매자가 쇼피 국내 물류 센터로 상품을 발송하고 국내 물류 센터에 상품이 입고되면 항공으로 현지 물류 센터로 상품을 발송하고 마지막으로 현지 물류 센터에서 최종 구매자에게 상품을 발송하는 프로세스로 이루어집니다. 이 배송 과정에서 알아야 하는 내용에 대해 알아보도록 하겠습니다.

국가별 발송 규격

❶ 상품 배송 무게는 패킹을 다 했을 때의 무게로 최대 30kg을 이내만 배송이 가능합니다.

❷ 판매자의 상품이 발송 가능한 최대 세변의 합 및 한 변의 길이를 초과하지 않는지 확인합니다.

❸ 최대 부피 중량을 초과하지 않는지 확인합니다. (부피 중량 계산법: 가로×세로×높이(cm)/6000)

❹ 상기 최대 규격 사이즈를 초과하는 경우, 발송 및 배송이 거절될 수 있습니다. (쇼피 물류센터에서 확인 시, 착불 반송처리됨. 반송 처리가 불가한 경우는 부득이하게 폐기 처리됨.)

❺ 배송비 청구 시, 부피 중량과 실 중량 중 더 높은 중량 데이터를 바탕으로 정산 처리될 수 있습니다.

수수료 내용	SG	OD	MY	PH	VN	TW	TN	비고
최대 세변의 합(cm)	270	270	270	270	270	150(YTD),105(7~11)	150	가로+세로+높이
최대 한 변의 길이(cm)	100	60×45×30	120	120	120	해당없음(YTO)/ 45×30×30*7~11)	100	
최대 실 중량(kg)	30	30	30	30	5	20(YTO)/5(7~11)	30	
최대 부피 중량(kg)	30	30	30	30	5	20(YTO)/5(7~11)	30	

국가별 면세 한도

구매자가 구매한 상품을 현지 물류 센터에 입고하기 위해서는 세관 통관을 진행하여야 하는데 아래 면세 한도를 초과할 경우에는 관세가 부과되니 주의하여야 합니다.

국가별 면세 한도(2020/01/01 기준)						
싱가포르	인도네시아	말레이시아	필리핀	베트남	대만	태국
400 SGD	3 USD	500 MYR	1,000 PHP	1,000,000 VND	2000 TWE	1500 THB

※ 과세 기준: 주문 건별 결제 금액 기준으로 적용 (같은 구매자가 다수의 주문을 생성하거나 타 플랫폼 제품 구매를 통해 발생하는 합산 과세 제외)

국가별 관세 발생 시 처리 방식

쇼피의 기본 관세 정책은 관세 발생 시 구매자가 부담하는 것으로 되어 있습니다. 하지만, 관세가 발생할 경우 구매자가 상품을 수령하지 않아 반송되는 경우도 있으니 주의하여야 합니다.

국가별 주문건 관세 발생시 처리방식		
서비스 제공사	해당 국가	관세 처리 방식
SLS(Shopee Logistics Servide)	싱가포르	관세 발생 시 구매자에게 부과
	인도네시아	관세 발생 시 구매자에게 부과
	필리핀	관세 발생 시 구매자에게 부과
	말레이시아	관세 발생 시 구매자에게 부과
	베트남	관세 발생 시 구매자에게 부과
YTO	대만	관세 발생 시 구매자에게 부과
SDS	태국	관세 발생 시 구매자에게 부과

국가별 관세 부과율

국가별로 부과되는 관세율이 상품별로 차이가 있으니 각 국가별 관세율을 확인하는 것도 중요합니다.

국가별 관세부과율		
국가	예상부과율(%)	비고
싱가포르	7	GST(Goods and Services Tax, 재화용역세) : 7%
인도네이아	10~30	카테고리별 상이
필리핀	N/A	카테고리별 상이
말레이시아	60~	카테고리별 상이
베트남	5~30	카테고리별 상이
대만	10~30	카테고리별 상이 ※응과세 추가 적용 • 1월~6월 : 2000TWD 이하 화물 6회 면세, 7회부터 응과세 적용 • 7월~12월 : 2000TWD 이하 화물 6회 면세, 7회부터 응과세 적용
태국	10~30	카테고리별 상이

선적 불가 품목 (전 국가 공통)

쇼피 SLS 등을 사용하여 배송한 상품의 항공 발송 또는 현지 통관이 불가한 상품을 입고하는 경우, 공항 터미널 X-ray 검사에서 적발될 수 있으며 선적 금지 상품이 적발될 경우에는 해당 전체 선적 취소 및 공지 위반 제품 색출을 위한 개봉 검사하게 되니 주의하여야 합니다.

분류	상품 예시
폭발물	폭죽, 불꽃놀이, 제품, 탄약, 최루판, 연막탄, MSDS 또는 화물에 폭발물 마크
가스물	에어콜/스스프레이 타입, 실린더 타입의 모든 물질(산소, 질소, 헬륨 실린더, 부탄가스, LPG 실린더), 라이터, MRI 장비, 소화기, MSDS 또는 화물에 가스물 마크
인화성 액체	접착제, 스프레이, 향수, 티퓨저, 페인트, 접착제, 아세톤, 가솔린, MSDS 또는 화물에 인화성 액체 마크
인화성 고체	성냥, 황, 페이트 원료 물질(Aluminum paste), 석탄, 숯, MSDS 또는 화물에 인화성 고체 마크가 있는 경우
산화성 물질, 유기 과산화물	표백제, 세척제, 과산화수소, MSD 또는 화물에 인화성 고체 마크가 있는 경우
독성, 감염성 물질	살충제, 청산가리, 바이러스, 박테리아, 의료용 폐기물, 기타 위험물 기준에 부합되는 독성 물질, MSDS 또는 화물에 독성, 감염성 물질 마크가 있는 경우
방사성 물질	동위원소가 들어간 제품들로 주료 의료용 제품들, 비파괴 검사 기계(건설 및 산업용), MSDS 또는 화물에 방사능 마크가 있는 경우, 방사성 물질 담았던 빈 용기
부식성 물질	보토배터리, 수온 온도계, 자동차 배터리, 전해액이 있는 배터리, 황산, 질산, 암모니아 등 산성 및 알칼리성 물질, 수은, 수은이 들어간 제품, MSDS 또는 화물에 부식성 물질 마크가 있는 경우
기타 위험 물질	에어백, 오일(차량, 기계류 사용 한정), 중고 자동차, 중고 오토바이, 드라이아이스(위험물의 냉매 목적), 배터리, 전지(리튬이온배터리, 리튬 메탈 배터리 등) : 배터리 단독 선적 불가, 자석 및 자석이 들어간 제품(대형 스피커 등), 에어백, MSDS 또는 화물에 기타 위험 물질 마크가 있는 경우 ※ 제품과 배터리가 결합된 경우라도 항공보안규정에 따라 선적 불가할 수 있음
통관 불가 품목(현지 반입 및 판매 제한)	장남감 총, 도검류, 마약류, 의약품, 의료 보충제, 위조지폐, 도장, 신용카드, 복권, 성인 용품, 전자담배, 담배, 종교 서적, 귀금속, 우표, 냉장 보관 및 상할 수 있는 식품류 등

위험물 발송 (전 국가 공통)

위험물의 경우 발송 가능 여부 확인을 위해 반드시 상품 등록 전에 MSDS(Material Safety Data Sheet) 검토 및 쇼피 승인 후 판매 가능 여부를 사전에 쇼피코리아에 확인하는 것이 중요합니다.

분류	상품 예시
인화성 액체	프린터 잉크, 실리콘(실리콘 건 등), 매니큐어, 에센셜 오일 등 인화성 액체(MSDS 사전에 공유하여 쇼피의 승인이 필요 승인건에 한하여 발송 가능, 선적 가능 여부 물류 헬프센터에서 확인) ※ 모든 액체 물질의 경우 MSDS 상 인화점 확인이 필수(항공사 사정에 따라 선적 거절될 수 있음)
인화성 고체	페인트, 양초, 향초, 캔들 등
산화성 물질, 유기 과산화물	염색약, 제모 크림, 락스 등
부식성 물질	충전식 전자기기(휴대폰, 충전식 면도기, 블루투스 기기 등)
기타 위험 물질	전동휠(킥보드), 스피커, 배터리가 내포된 제품 ※ MSDS 사전 공유하여 반드시 쇼피의 승인이 필요, 승인건 선적 시 소포장 박스 겉면에 배터리 상품임을 표시
비인화성 액체류 (Non-Flammable liquid)	액상 음료 액체류 반입 제한(Beverage) ※ 알코올 포함 음료 액체류의 경우 마켓 제한 리스트 참조

국가별 특이 사항

현지 판매가 불가한 상품을 입고하시는 경우, 세관 측 실물 화물 검수를 위한 제품 색출 및 개봉 검사가 이루어지니 사전에 국가별로 판매 가능한 상품인지 확인을 해야 합니다.

마켓	판매 제한 사항
싱가포르	네일 관련 제품, 염색약 등 발송 불가
말레이시아	네일 관련 제품, 염색약 등 발송 불가
인도네시아	식품, 중량 제한, 신발 수량 제한, 네일 관련 제품, 염색약 등 발송 불가
필리핀	네일 관련 제품, 염색약 등 발송 불가
태국	화장품, 식품류 통관 불가 장난감류, 자동차 부품, 악기 부품 등 잡화류 수량 제한 의약품으로 분류되는 마스크 상품 선적 제한
베트남	화장품 금액 또는 수량 제한 정치서적/신문/잡지류 통관 불가, 그 외 모든 서적류 베트남 문화부의 승인 필요 네일 관련 제품 발송 불가
대만	육류(신선육) 및 육류 성분 포함 상품(가공육, 분말 수프 등), 어패류, 펫푸드 등 통관 불가 수술용 또는 비수술용 마스크 전 상품 선적 제한

싱가포르 배송 기간 및 배송 요율

쇼피 싱가포르는 쇼피 SLS를 통해 배송이 이루어진다. 아래 배송 요율 및 배송 기간을 미리 확인하여 배송에 차질이 없도록 해야 합니다.

배송서비스	최소무게	최대무게	기본운임	배송비 할인금액 (쇼피/구매자 지불 금액)	g당 추가 운임	배송기간
SLS (Shopee Logistics Service) 두라+용성 로지스틱스	10g	30kg	SGD $2.34	무게별 모두 동일 SGD $1.99	10~50g : SDG $2.34(동일) 51~500g : 10g당 추가 SDG $0.07 501g~ : 10g당 추가 SDG $0.05	5~8일

싱가포르 배송 금액

다음 표는 싱가포르까지 발생하는 배송 비용을 정리한 표입니다. 쇼피 싱가포르는 상품의 무게와는 상관없이 모든 상품에 SGD$1.99의 배송비가 설정되어 있는데 배송비가 SGD$1.99이 설정된 것은 쇼피에서 배송비를 지원하고 있기 때문입니다.

상품 무게	무게별 운임	배송비할인금액 (쇼피/구매자 지불 금액)	실 판매자 부담배송비 (무게별 운임 − SGD$1.99 구매자 지불금액)
단위 : g	(SGD)	(SGD : 싱가포르 달러)	(SGD : 싱가포르 달러)
10g~50g동일	2.34		0.35
60	2.41		0.42
70	2.48		0.49
80	2.55		0.56
90	2.62		0.63
100	2.69		0.70
110	2.76		0.77
120	2.83		0.84
470	5.28		3.29
480	5.35	모두 동일(1.99SGD)	3.36
490	5.42		3.43
500	5.49		3.50
510	5.54		3.55
29950	152.74		150.75
29960	152.79		150.80
29970	152.84		150.85
29980	152.89		150.90
29990	152.94		150.95
30000	152.99		151.00

예를 들어 100g의 상품을 판매할 경우 실 배송비는 SGD$2.69이지만 쇼피 또는 구매자가 SGD$1.99만 배송비를 지급하고 판매자가 SGD$0.70만 지급하면 실 배송비 SGD$2.69가 맞추어지는 형태입니다.

2 _ 판매자 Shop 프로필 정책

쇼피에서는 아래 이미지와 같이 국내 온라인 마켓과 같은 판매자 미니샵을 생성할 수 있습니다. 하지만 쇼피 정책이 있기 때문에 제작 후 쇼피의 승인이 있어야 노출되기 때문에 쇼피의 샵 프로필 정책에 대해 정확히 알고 있어야 합니다. 그럼, 쇼피의 샵 프로필 정책에 대해 알아보도록 하겠습니다.

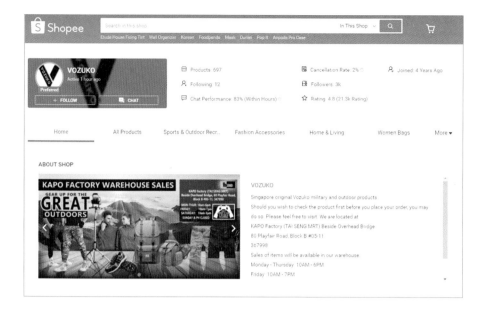

2-1 샵 로고 정책

쇼피의 모든 상점 로고는 모든 판매자가 쇼피의 상점 로고 정책을 준수하는지 확인하기 위해 미리 검토 후 승인합니다. 본 정책을 위반한 상점 로고가 있는 경우 해당 상점 로고가 삭제될 때까지 해당 상점 계정이 일시적으로 정지되니 주의하여야 합니다.

쇼피의 샵 로고 정책에는 다음과 같이 3가지 규칙 이 있습니다.

❶ Shopee 로고 등의 이미지를 무단으로 사용하지 말아야 합니다. (Shopee 로고, 마스코트, 마케팅 콘텐츠 등 포함).

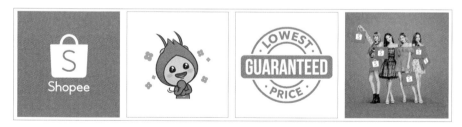

❷ 쇼핑객이 귀하의 상점 또는 제품이 Shopee와 제휴 관계라고 오해하게 하지 말아야 합니다.

❸ 쇼핑객이 귀하의 상점 또는 제품이 Shopee에서 보증한다고 오해하게 하지 말아야 합니다.

❹ 샵 로고에서 Shopee 이미지를 쓸 수 있는 경우

사용 목적이 다음과 같을 경우 쇼피의 샵 로고 정책을 위반하지 않고 Shopee 이미지를 상점 로고에 사용할 수 있습니다.

• 상점 로고를 아름답게 하기 위해서는 가능

• 쇼피 플랫폼에서 귀하의 샵의 존재를 표시하기 위해서는 가능

❺ 상점 로고 위반 해결

판매자의 샵 로고가 Shopee의 샵 로고 정책을 위반한 것으로 판명되는 경우 판매자의 계정은 일시적으로 정지됩니다. 이런 경우에는 현재 샵 로고를 없애고 샵 로고 정책을 준수하는 로고로 교체하면 쇼피에서 새로운 샵 로고에 대해 검토 후 승인하고 계정 정지가 해제되어 평소와 같이 다시 판매를 재개할 수 있습니다.

2-2 샵 이름 정책

다음은 샵을 상점 이름에 대한 정책입니다. 상점 이름은 30일에 한 번만 변경할 수 있으나 구매자에게 혼란을 줄 수 있으므로 잦은 변경을 피하는 것이 좋습니다.

❶ 5자 이상, 30자 이하로 만들 수 있습니다.

❷ 알파벳과 숫자를 모두 포함 가능하나 숫자만 있는 가게 이름은 피해야 합니다.

❸ 이모티콘이나 문장 부호와 같은 특수 문자는 사용하지 말아야 합니다.

❹ "Shopee"라는 단어를 사용하면 안 됩니다.

❺ 저속하거나 금지된, 모욕적이거나 민감한 단어를 피하여야 합니다.

❻ Shopee의 기존 계정과 동일한 이름을 사용하면 안 되며 기존 계정 이름을 입력하면 오류 메시지가 표시됩니다.

❼ 브랜드 소유자인 경우에만 상표 또는 브랜드 이름을 사용하십시오. 증빙서류가 필요합니다.

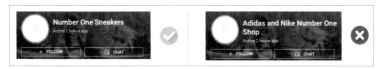

❽ 상점 이름에 제품을 나열하지 말아야 합니다.

❾ 주소나 연락처와 같은 개인 정보를 피해야 합니다.

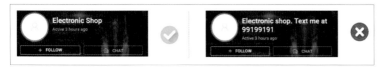

❿ 할인이나 무료 배송과 같은 문구를 사용하지 말아야 합니다.

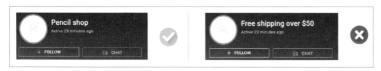

⓫ 외부 웹사이트나 플랫폼에 대한 링크를 사용하면 안 됩니다.

⓬ 상점의 영업시간을 포함하지 말아야 합니다.

3 _ 쇼피 상품 등록 정책

3-1 리스팅 제한

리스팅 제한은 상점이 게시할 수 있는 최대 제품 목록 수를 말하며 리스팅 제한은 관리 가능한 방식으로 상점 비즈니스를 성장시키는 데 도움이 되도록 설정됩니다.

신규 셀러의 경우 리스팅 제한이 1,000개로 제한되어 있어 고품질 리스팅 작성에 집중하도록 하였으며 이메일 주소 확인이 안 된 신규 판매자의 경우 리스팅 한도는 100개로 제한하고 있습니다. 아래 이미지와 같이 셀러 센터의 내 상품 페이지에서 리스팅 한도를 확인하실 수 있습니다.

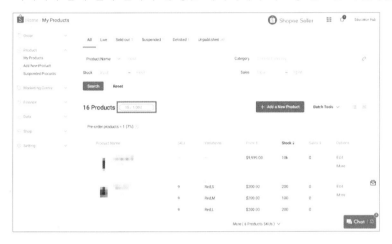

3-2 Pre-order Listing(선 주문 상품)

Pre-order Listing(선 주문 상품)이란 주문이 들어온 후 상품을 준비하는 예약 주문 형태의 상품으로 예를 들면 아래 이미지와 같이 티셔츠에 고객이 보낸 사진을 인쇄하여 주는 상품 등을 말합니다.

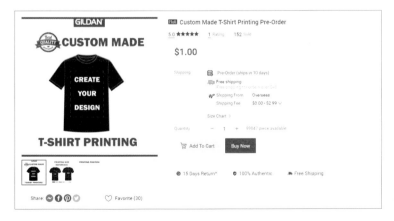

쇼피는 예약 주문 상품의 배송 일수가 7일 이상으로 설정된 주문 준비에 더 오랜 시간이 걸리는 상품으로 정의하고 있으며 이러한 상품은 일반적으로 맞춤형 품목 또는 특별한 취급이 필요한 품목으로

분류합니다. 예약 주문 상품의 경우 배송 지연 등이 발생하는 비율이 낮은 경우 위반으로 판정하고 판매자를 제한하기도 합니다.

3-3 리스팅 위반 정책

쇼피는 구매자의 안전한 쇼핑 경험을 보장하기 위해 금지된 목록, IP 침해 및 위조 목록, 스팸 목록의 세 가지 주요 목록 위반 유형을 범하는 판매자에 대해 계정 정지, 상품 삭제 등의 제한을 두고 있습니다. 다음은 쇼피의 상품 등록에 대한 정책이니 숙지하는 것이 좋습니다.

리스팅 제한	위반 형태	위반 사항
금지된 상품 등록	금지 상품	쇼피 정책 및 국가별 온라인 판매로 허용되지 않는 상품 등록
	광고	상품 정보에서 구인광고, 회사 및 서비스 광고, 스폰서십 및 다른 판매 채널을 홍보하는 형태의 등록
	상품 변경	상품을 판매하기 위해 기존 상품을 편집하여 원래 상품과 다른 상품을 판매하는 형태
가품 등록	과장된 할인	프로모션 전의 상품 가격을 인상하여 과장되게 할인하는 것처럼 보이는 형태
	IP(지적재산권) 침해	상표권자로부터 승인받지 않고 상표가 포함된 상품을 판매하는 형태
	가품 등록	모조품/카피본을 판매하는 형태
	중복 등록	모조품/카피본을 판매하는 형태
스팸성 등록	가격 스팸	해당 가격으로 판매할 의도가 없는 상태에서 제품을 극도로 낮거나 높은 가격으로 등록하는 형태
	키워드 스팸	관련성이 없는 키워드를 이용해 상품의 타이틀을 작성하는 형태
	속성 스팸	정확하지 않는 상품 속성 등을 등록하는 형태(철자 오류, 부정확한 설명 등)

리스팅 제한을 위반할 경우에는 판매자의 상품이 삭제, 판매 금지 또는 계정 정지가 될 수 있습니다. 상품 등록은 쇼피의 리스팅 정책 또는 현지 규칙 및 규정을 위반하는 경우 삭제되며 쇼피에서 삭제된 목록은 쇼피의 페널티 포인트 시스템에 따라 페널티 포인트가 부과됩니다.

리스팅 위반으로 페널티 포인트가 높은 셀러는 28일 동안 리스팅 한도를 일시적으로 축소하며 심각한 경우 판매자 권한 감소, 계정 정지 또는 해지에 직면할 수 있습니다.

3-4 금지 목록

금지된 리스팅은 현지 규정 또는 쇼피의 리스팅 정책으로 인해 허용되지 않는 상품 등을 말하며 쇼피에서 금지된 일부 카테고리에는 서비스, 불법 약물, 처방전용 또는 약국 의약품, 허위/기만적 주장이 있는 의약품 또는 보조제, 무기, 담배 및 야생 동물 제품이 포함됩니다. 또한 특별 승인이나 라이선스가 필요한 일부 상품이 있으며 이러한 상품은 쇼피에서 판매하기 전에 관련 문서를 업로드해야 판매를 할 수 있습니다.

❶ 금지 및 제한 품목 목록

(i) 동물 및 야생 동물 제품(야생 동물을 포함하되 이에 국한되지 않음)

(ii) 유물 및 유물

(iii) 사용한 화장품;

(iv) 위조 화폐 및 우표

(v) 신용카드 및 직불카드

(vi) 디지털 화폐 또는 크레딧, 저장 가치 카드를 포함하되 이에 국한되지 않는 통화 또는 크레딧.

(vii) 마약, 처방전용 의약품, 약국 전용 의약품, 마약 유사 물질 및 관련 도구. 금지된 의약품

(viii) 싱가포르의 Infocomm Development Authority에 등록되지 않은 통신 장비, 전자 감시 장비 및 케이블 TV 디스크램블러, 레이더 스캐너, 교통 신호 제어 장치, 도청 장치와 전화 도청 장치와 같은 기타 유사한 전자 장비

(ix) 금지 상품

(x) 화기, 후추 스프레이와 같은 무기, 복제품, 전기 충격기 등

(xi) 주류 (유효한 라이선스를 Shopee에 제출하고 승인해야 함)

(xii) 금지 식품: 사용자의 안전을 위해 판매자는 쇼피에 아래 식품 및 식품 관련 품목을 나열할 수 없습니다.

ⓐ 의약 강조 표시를 포함하는 목록 – 즉, 항목이 인간 및 동물의 질병 진단, 치료, 완화, 치료 또는 예방, 피임, 마취 유도 또는 예방 또는 간섭에 사용하기 위한 것이라는 강조 표시 영구적이든 일시적이든 생리적 기능의 정상적인 작동과 그 기능의 작동을 종료, 감소 또는 연기, 증가 또는 가속화하는 상품 (예: 의약품, 콘택트렌즈, 잘못된 브랜드의 식이 보조제);

ⓑ 유해 식품 – 금지 물질 또는 허용 비율을 초과하는 물질을 포함하는 식품. 거래의 성격을 판매 시 구매자에게 완전히 알리지 않은 불량 식품.

ⓒ 저온살균되지 않은 유제품

ⓓ 야생 버섯

ⓔ 인체 건강에 유해한 기타 식품

위의 금지 식품 범주에 속하지 않는 식품은 다음 최소 기준 및 지침을 준수해야 합니다.

ⓕ 만료 날짜 – 모든 식품 품목에는 만료 날짜 또는 "사용 기한" 날짜가 명확하고 적절하게 표시되어야 하며 유통기한이 지난 식품은 등록하지 말아야 합니다.

ⓖ 밀봉된 용기 – 사이트에서 판매되는 모든 식품 및 관련 제품은 구매자가 변조 또는 결함의 증거를 식별할 수 있도록 포장하거나 밀봉해야 합니다.

ⓗ 부패하기 쉬운 식품 – 부패하기 쉬운 항목을 나열하는 판매자는 상품 설명에 상품이 제대로 포장되도록 하기 위해 취해야 할 단계를 명확하게 식별해야 합니다.

(xiii) 배지, 휘장 또는 제복과 같은 정부 또는 경찰 관련 품목

(xiv) 인간의 신체 부위 또는 유해

(xv) 자물쇠 따기 장치

(xvi) 복권

(xvii) 살충제

(xviii) 잠재적 침해 품목: 복제, 위조 품목 및 제3자의 특정 저작권, 상표 또는 기타 지적 재산권을 위반할 수 있는 제품 또는 품목의 무단 사본을 포함하되 이에 국한되지 않는 품목

(xix) 금지된 서비스: 성적인, 불법적인 성격의 서비스 제공, 서비스 약관 위반 또는 Shopee의 단독 재량에 따라 금지된 서비스 제공

(xx) 슬롯머신

(xxi) 회수 품목

(xxii) 주식, 주식, 기타 증권 및 인지

(xxiii) 전기 담배를 포함하되 이에 국한되지 않는 담배 또는 담배 관련 제품

(xxiv) 외설적이거나 선동적이거나 반역적인 자료

(xxv) ⓐ 캠페인, 선거, 정치적 문제 또는 공개 토론 문제와 관련되거나, ⓑ 정치인이나 정당을 옹호하거나 반대하거나 공격하거나, ⓒ 모든 형태의 증오심을 조장하거나 조장하는 제품, 범죄, 편견, 반항 또는 폭력

(xxvi) 판매 및/또는 배송 국가의 해당 법률을 준수하지 않는 출판물, 서적, 영화, 비디오 및/또는 비디오 게임

(xxvii) 도난 상품

(xxviii) 라벨이 잘못된 상품

(xxix) (i) 구매자 및/또는 판매자의 관할권에서 불법 또는 제한되거나 불법 또는 제한된 활동을 조장하거나 (ii) 정부 또는 잠재적인 건강 또는 안전 위험을 제기할 수 있는 규제 기관.

❷ 의약품/건강 보조 식품/약품 목록

구분	허용	금지
약물	**일반의약품** – 처방전 없이 구입할 수 있고 온라인 판매가 허용되는 의약품	**규제 의약품** – 온라인 판매가 허용되지 않는 의약품 **처방약** – 면허가 있는 의사의 처방전이 필요한 의약품
건강 보조 식품	**대부분의 건강 보조 식품** – Health Sciences Authority의 건강 보조 식품 정의에 맞는 제품의 판매가 허용됩니다.	**오해의 소지가 있는 주장이 있는 건강 보조 식품** – 오해의 소지가 있거나 기만적이거나 잘못된 주장이 있는 제품 포장 또는 제품 설명에서 찾을 수 있습니다.
약제	해당 없음	**불법 약물** – 제조, 판매 또는 사용이 불법인 약물

3-5 위조품 판매 및 지적 재산권(IP) 권리 침해

쇼피는 정책상으로 IP(지적재산권) 침해 상품은 판매할 수 없도록 명시하고 있으며 IP 침해 리스팅 종류는 다음 4가지입니다. 아래 IP 정책을 위반할 경우 상품 삭제, 페널티 포인트 부과, 반복될 경우 계정 정지 등을 받을 수 있으니 주의하여야 합니다.

IP(지적 재산권) 침해		
침해 사항	**침해 내용**	**위반 시 적용**
상표권(Trademark) 침해	다른 당사자가 권리를 보유하고 있는 상표의 무단 사용, 또는 패키지나 제품에 특정 상표와 혼동이 올 정도로 비슷한 요소가 있는 리스팅	• 제품 리스틱 삭제 • 페널티 포인트 부과 • 계정 정지
저작권(Copyright) 침해	제품, 패키지, 혹은 상세 페이지에 이미지나 영상, 글과 같이 저작권이 있는 콘텐츠를 무단 사용하고 있는 리스팅	
디자인(Industrial design) 침해	등록된 디자인이나 매우 흡사한 디자인을 도용해 무단 사용하고 있는 리스팅	
특허(Patent) 침해	특허가 있는 발명품을 무단 사용하고 있는 리스팅	

4 _ 페널티 정책

쇼피는 페널티 포인트 제도를 통해 판매자의 계정 상태(Account Health)를 관리하고 위반할 경우에는 페널티 포인트를 부과하여 판매를 제한하고 있습니다. 이러한 페널티는 Account Health 페이지

에서 확인하실 수 있으며 샵/제품 평점, 주문 처리율, 고객 응대 및 매출 등 샵의 성과를 전반적으로 검토해 원하는 목표를 달성하고, 페널티를 최소화하여 "Preferred Seller"가 될 수 있도록 하여야 합니다. Preferred Seller가 되면 샵 광고 사용, 전용 검색 필터 사용, 쇼피 쿠폰 혜택 적용 등의 혜택을 받을 수 있습니다. 다음 표는 페널티 부과에 대한 내용을 정리한 것이니 숙지하여 불이익 당하지 않도록 관리를 하여야 합니다.

패널티 적용 기준		
운영 기준 Operational Excellence Pillar	주요 성과 지표 Key Performance Metrics	주당 발행된 포인트 Points Issued per Week
배송 Fulfilment	미이행률 ≥ 10% Non-Fulfilment Rate ≥ 10%	1point
	미이행 비율 > 10% 및 NFR 주문 ≥ 30 Non-fulfilment Rate > 10% and NFR Order ≥ 30	2point
	배송 지연율 ≥ 10% Late Shipment Rate ≥ 10%	1point
	배송 지연율 ≥ 10% 및 LSR 주문 ≥ 50 Late Shipment Rate > 10% and LSR Order ≥ 50	2point
상품 등록/컨텐츠 Listing/Content	금지된 상품 등록 광고 Prohigited listings/Advertisements	최대 2 포인트 Up to 2 points
	IP 침해 및 위조 IP Infringement and Counterieit	최대 2 포인트 Up to 2 points
	스팸 상품 등록(예 키워드, 가격, 중복) Spam listings(e.g. keyword, price, duplicate)	2point
고객서비스 Customerservicw	채팅 또는 리뷰에 대한 무례하거나 욕설 사용 Rude or abusive reply for Chat or Review	2point
	구매자에게 주문 취소 요청 Request Buyer to Cancel their order	2point
	허위 거래 – 자신이 – 상점에서도 구매 시도 False Transactions – attempt in buying from your own shop	최대 2 포인트 Up to 2 points
사기 Fraud	가짜 반송 주소 Fake return address	2point
	빈 소포 첫 번째 위반 Empty parcel first offence	3point
	빈 소포 두 번째 위반 Empty parcel second offence	6point
	빈 소포 세 번째 위반 이후 Empty Parcel third offence onwards	계정 정지 Account Freeze
소셜 판매 Social Selling	Shopee Feed 및/또는 Shopee LIVE의 부적절한 콘텐츠, 심각한 위반으로 간주됩니다. 여기에는 노골적/민감한 콘텐츠 및 타인에 대한 괴롭힘이 포함됩니다. Inappropriate content on Shopee Feed and/or Shopee LIVE. deemed as severe violations. This includes explicit/sensitive content and harassment of others.	3point
	Shopee Feed 및/또는 Shopee LIVE에 대한 반복적인 심각한 위반 Repeated severe violations for Shopee Feed and/or Shopee LIVE	계정 정지 Account Freeze

4-1 NFR(Non-Fulfilment Rate): 주문 미처리 비율

미 이행 주문 건(Non-fulfilment Rate, NFR)은 지난 7일간의 전체 주문 건 중 취소 또는 반품된 주문 건의 비율을 의미하며 셀러에 의한 주문 취소, 시스템에 의한 취소, 반품 또는 환불 건을 기반으로 매주 월요일에 계산됩니다.

NFR 종류 및 내용

NFR 종류	상세 내용
셀러에 의한 주문 취소	재고 부족으로 셀러가 주문을 취소한 경우
시스템에 의한 취소	셀러가 픽업을 어레인지 하지 않아서 시스템이 자동으로 주문을 취소한 경우
	셀러가 주문 건에 대한 배송을 시작하지 않아서 시스템이 자동으로 주문을 취소한 경우
반품 건	구매자들이 제품에 하자가 있거나 작동하지 않아서 반품하는 경우
	제품 수량 오류, 부품이 빠진 경우, 다른 제품 송부 등 구매자들이 불만족스러운 주문 처리로 인해 주문을 반품하는 경우

- NFR 계산 = 지난 7일 동안의 미이행 주문 건/7일 동안의 총 주문 건 X 100
- NFR은 한 개의 미 이행 주문 건이 있을 때부터 계산하기 시작

NFR 페널티 부과

NFR을 2% 이하로 유지하는 것이 가장 좋으며, 고객의 만족스러운 쇼핑 경험을 보장하는 최소 기준은 10%입니다. 10%가 넘어가면 페널티 1점이 부과되며, 30건 이상일 경우 추가 페널티 포인트가 부과됩니다.

셀러 퍼포먼스 항목	최소 성과 타겟	불이행으로 인한 주별 패털티 포인트 수
주문 처리	미이행(NFR) 비율 < 10%	1 포인트
	미이행(NFR) 주문수 < 30	2 포인트

4-2 LSR(Late Shipment Rate): 배송 지연 비율

배송 지연율(Late Shipment Rate, LSR)은 지난 7일간의 전체 주문 건 중 배송이 지연된 주문 건의 비율을 의미합니다. 주문이 생성된 다음 날부터 2영업일 내에 주문 건을 배송해야 하는데 배송 기한 이후에 주문 건이 배송 되었을 때 페널티 포인트가 매주 월요일에 계산됩니다. 배송 기한은 공휴일, 쇼피 물류 파트너사의 휴일을 제외하고, 판매자가 설정한 Days to Ship(DTS)에 기반합니다.

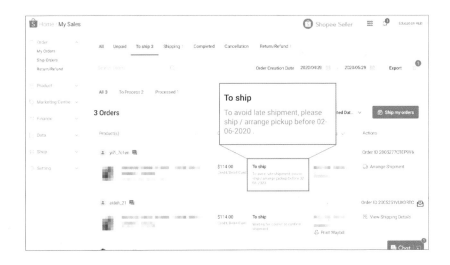

LSR도 2% 이하로 유지하여야 하며, 10%가 넘지 않도록 유지해야 합니다. 10%가 넘어가면 페널티 1점이 부과되며, 50건 이상일 경우 추가 페널티 포인트가 부과됩니다.

셀러 퍼포먼스 항목	최소 성과 타겟	불이행으로 인한 주별 패털티 포인트 수
주문 처리	미이행(NFR) 비율 〈 15%	1 포인트
	미이행(NFR) 주문수 〈 50	2 포인트

미이행 주문 건(Non-fulfilment Rate, NFR)과 배송 지연율(Late Shipment Rate, LSR)은 정기적인 재고 관리, 배송 기한 내 발송 등 아래 이미지를 참고하여 미연에 방지하는 것이 좋습니다.

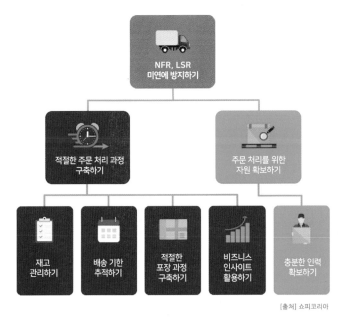

[출처] 쇼피코리아

5 _ Preferred Seller program

5-1 Preferred Seller program 이해하기

Preferred Seller는 쇼피에서 공식 인증된 구매자 선호 셀러로 매출액과 상품 주문 수, 고객 응대를 포함한 여러 가지 지표를 기준으로 선정되며, 공식 인증 배지가 부여됩니다. 이 배지는 샵 프로필, 상품 썸네일, 상품 상세 페이지에 붙고 다양한 혜택이 제공되며 쇼피 100% 진품 보증(Shopee 100% Authentic Guarantee) 태그가 붙어 셀러로서 신용을 쌓을 수 있습니다.

❶ 샵 프로필에 부여된 Preferred 배지 모습

❷ 상품 썸네일에 부여된 Preferred 배지 모습

❸ 상품 페이지에 부여된 Preferred 배지 모습

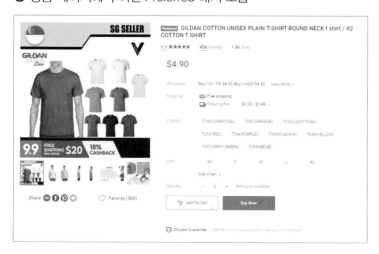

5-2 Preferred Seller 혜택

Preferred Seller가 되면 쇼피 내에서 다음과 같은 여러 이점을 받을 수 있습니다.

구매자의 신뢰 확보

Preferred Seller 배지는 제품 및 서비스 품질에 대한 보증의 표시이기 때문에 구매자는 신뢰하고 상품을 구매합니다.

상위 검색 순위 노출

Preferred Seller는 검색 결과에서 더 높은 순위를 기록하고 많은 노출을 가져갈 수 있습니다.

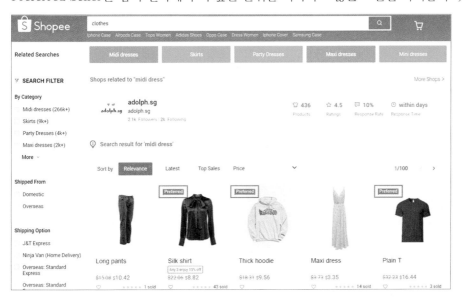

Shopee Flash Deal 슬롯 구매에 대한 우대 요금 받기

Preferred Seller에 등록하면 50% 할인된 가격으로 3개의 플래시 딜 슬롯을 구매할 수 있는 바우처를 매월 30일 Shopee 앱을 통해 받을 수 있습니다. 자격을 얻으려면 매월 30일까지 Preferred Seller 상태를 유지해야 합니다.

자동 충전 활성화 시 추가 보너스 유료 광고 크레딧

자동 충전은 30일 동안 활성화되어 있어야 사용할 수 있으며 기준이 충족되면 매월 30일에 크레딧이 자동으로 추가됩니다. 자격을 얻으려면 매월 30일까지 Preferred Seller 상태를 유지해야 합니다.

고객들에게 쇼피 코인(Shopee Coins) 제공

Preferred Seller에게만 제공되는 고객 혜택인 쇼피 코인(Shopee Coins)입니다. 비슷한 제품을 팔고 있는 판매자가 있는 경우 Preferred 샵에서 구매하면 쇼피 코인을 증정 받을 수 있기 때문에 구매자들은 Preferred 샵에서 구매하는 것을 선호합니다.

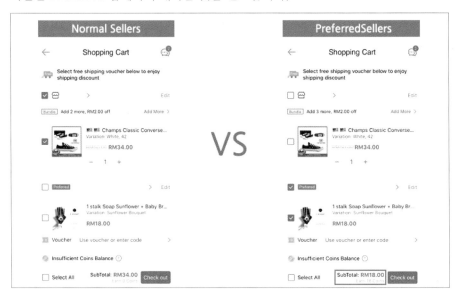

전용 검색 필터 사용 가능

Preferred Seller만 검색할 수 있게 해주는 검색 필터로 상품 노출을 향상시킬 수 있습니다.

쇼피 쿠폰 혜택 적용

쇼피에서 진행되는 주요 할인 프로모션 기간 동안 쇼피는 고객들에게 Preferred 및 쇼피 몰 셀러 샵에서만 사용할 수 있는 보너스 쿠폰을 제공합니다. 무료로 제공되는 쿠폰 혜택으로 매출 상승의 기회를 노려 보아도 좋겠습니다.

5-3 Preferred Seller 자격

Preferred Seller가 되려면 다음 기준을 충족해야 합니다.

- 강력한 판매 기록 구축
- 우수한 고객 서비스 제공
- 모든 주문을 빠르고 안정적으로 이행
- 쇼피의 판매자 정책 준수 및 깨끗한 계정 상태(Account Health) 기록 유지
- 높은 상점 및 제품 평가 달성

위 기준을 충족된다면 아래의 성과 목표를 충족해야지만 Preferred Seller가 될 수 있습니다.

Areas of Performance	Onboard Taget
고유 구매자(최근 30일) Unique buyers(last 30 days)	≥ 10
순 주문(최근 30일) Net orders(last 30 days)	≥ 30
채팅 응답률 Chat response tate	≥ 75%
상점 등급(전체) Shop rating(all-time)	≥ 4.6
미충족률(최근 7일) Non-fulfilment Rate(last 7 days)	≤ 4.99%
배송 지연율 Late shipment Rate	≤ 4.99%
현재 셀러 벌점 수 Current number of seller penalty points	≤ 0
주문 당 활성 목록의 백분율이 10%를 초과하는 기간(최근 30일) Number of days during shich the percentage of active per-order listings exceeds 10%(last 30 days)	≤ 0

※ 고유 구매자: 취소, 반품 및 환불 된 주문을 제외하고 지난 30일 동안 주문을 지불한 순 구매자 수.
※ 순 주문수: 취소, 반품, 환불 된 주문을 제외한 지난 30일 동안의 총 주문 수.

5-4 Preferred Seller 등록 방법

1 셀러 센터(Seller Centre) 로그인 후 좌측 메뉴 중 [DATA] − [Preferred Seller]를 클릭합니다.

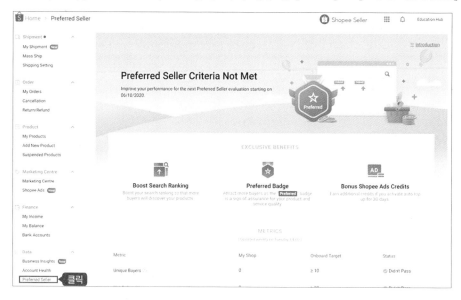

2 METRICS 항목에서 Preferred Seller 채팅 응답률, 샵 평점, 페널티 등의 평가 항목의 달성 여부를 확인하실 수 있으며 My Shop 항목에 샵의 현재 상태가 표시되며 Onboard Target 항목에서 Preferred Seller가 되기 위한 충족 기준을 확인하실 수 있습니다.

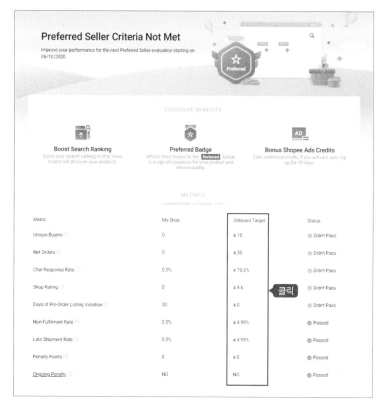

6 _ Shopee Mall 정책

Shopee Mall은 브랜드 소유자 및 공인 유통 업체를 위해 예약된 초대 전용 프리미엄 공간으로 Shopee Mall 제품에는 상점 프로필 페이지 또는 상점의 모든 제품 목록에 [Shopee Mall] 로고가 붙게 됩니다.

❶ 상점에 붙은 [Shopee Mall] 로고

❷ 상품 페이지에 붙은 [Shopee Mall] 로고

❸ Shopee Mall 자격 요건

Shopee Mall 판매자가 되려면 브랜드 소유자 또는 공인 유통 업체의 자격을 갖추어야 하며 아래의 최소 요구 사항을 충족해야 합니다.

구분	요구 사항	준수 사항
Shopee Mall	• 브랜드 소유자 또는 공인 유통 업체 • Shopee Mall 목록 요구 사항 준수 • 예약 주문 목록 30% 미만 • 10~20개의 최소 SKU 보유	• 100% 정품 정책 준수 • 모든 구매자에 대한 15일 반품/환불 정책을 엄격히 준수 • 모든 구매자에게 무료 배송 제공

Shopee

Shopee

Shopee 싱가포르 셀러 가입하기

01 쇼피 싱가포르 셀러 가입하기

쇼피는 싱가포르, 인도네시아, 베트남, 태국, 대만, 필리핀, 말레이시아 등 동남아시아를 중심으로 판매할 수 있는 마켓 플레이스로 판매자로 가입하기 위해서는 우선 쇼피코리아에 입점 신청 후 싱가포르에 계정 생성하고 10개의 상품을 등록해야 나머지 국가들도 판매를 진행할 수 있습니다. 쇼피에 입점 신청을 위해서는 필수로 사업자등록을 완료하고 등록할 상품 최소 10개와 재고를 보유하고 있어야 입점할 수 있습니다. 이번 장에서는 쇼피 싱가포르에 회원가입하는 방법에 대해 알아보도록 하겠습니다.

1 _ 쇼피 입점 절차

쇼피의 판매자로 가입부터 상품 등록, 상품 판매, 배송에 대한 절차는 다음과 같습니다. 우선 입점 신청을 위해서는 사업자등록은 필수이니 사업자등록을 하지 않았다면 홈택스(https://www.hometax.go.kr/)를 통해 사업자등록을 완료하고 쇼피코리아 (https://www.shopee.kr/)에 방문하여 싱가포르 입점 신청을 합니다. 쇼피코리아에서 입점 신청 승인이 완료되면 이메일을 받게 되는데 이메일 링크를 통해 판매자 가입을 완료 후 기존 계정 설정을 완료하면 판매자 가입은 완료됩니다. 이후 브랜드 오너 (Brand Owner)는 상품 1개를 일반 판매자는 상품 10개를 등록하면 "인큐베이션" 팀에 소속되어 쇼피코리아로부터 지원을 받을 수 있으며 말레이시아, 베트남, 필리핀 등 3개의 마켓을 추가로 입점할 수 있습니다.

싱가포르에 상품 등록을 완료하였다면 키워드 광고, 타겟 광고, 샵 광고 등을 통해 상품 노출을 높여 주문이 들어오면 포장을 완료하여 국내에 있는 쇼피 물류센터로 상품을 발송합니다. 국내 물류센터로 상품이 입고되면 쇼피에서는 현지 물류센터로 발송하고 현지 세관 통관 진행 후 물류센터에 입고되어 최종 구매자에게 상품을 발송하는 시스템으로 되어 있습니다. 앞서 Chapter 01에서 설명한 것 같이 배송 서비스와 배송 비용 쇼피에서 지원해 주고 있으니 적극 활용하는 것을 추천드립니다.

2 _ 페이오니아 가상 계좌 개설하기

쇼피에서 판매자로 판매활동을 하면 판매된 대금을 정산 받고 한국 계좌로 인출하기 위해서는 반드시 페이오니아의 수취 계좌가 필요합니다. 페이오니아는 전 세계 5백만 회원을 보유하고 있으면 150가지 이상의 현지 통화를 지원하는 결제 솔루션 업체로 현지 통화로 판매 대금을 바로 수령할 수 있습니다. 한국에 페이오니아 코리아(https://www.payoneer.com/ko/) 사무소를 운영 중이기 때문에 지원이 필요할 경우 고객 지원센터를 통해 지원을 받을 수 있습니다.

구분	내용
가상 계좌 지원 국가	미국, 영국, 유럽, 호주 캔다, 일본 중국 등 150개 국가 현지 통화 지원
수수료	기본 1.2% 적용(인출 금액에 따라 할인 수수료 적용)
인출 소요 기간	평균 1~2일 소요(영업일 기준, 휴일/공휴일 제외)
체크카드 발급	별도 신청 시 발급 가능(연회비 발생 및 수수료 증가)
이체 가능 통화	원화 및 외화 이체 가능(USD, GBP, EYR, JYP 등)
인출 절차	2019년 8월부터 인증 절차 신설
인출한도	초기일 $50,000/월 $200,000 인출 제한, 한도 증액 가능

2-1 페이오니아 가입하기

페이오니아 홈페이지에 접속하여 가입을 진행합니다. 전용 웹 페이지(http://tracking.payoneer.com/SH1WM)에서 회원가입 시 6개월 이내에 $10,000을 Payoneer 계좌로 수취하면 $250을 보상 받을 수 있습니다. 가입 기준은 "회사"를 기준으로 설명하겠습니다.

1 페이오니아(http://tracking.payoneer.com/SH1WM) 홈페이지 접속 후 [가입하고 $250 받기] 클릭합니다.

2 비즈니스 타입을 아래 이미지와 같이 "온라인 셀러입니다."와 "이커머스 마켓 플레이스로부터 대금을 수취하고 싶습니다."를 선택합니다.

3 [가입하기] 버튼을 클릭합니다.

4 "Payoneer 가입 – 시작하기"에서 [회사]를 선택 후 기본 정보를 입력합니다. 모든 항목은 영문으로 기재하여야 합니다.

❶ [회사]를 선택합니다. 법인 및 개인 사업자 정보는 영문 사업자등록증에 등록된 정보를 입력합니다.

❷ 회사의 영문명을 영문 사업자등록증에 표시된 되로 입력합니다.

❸ 사업 법인의 종류는 사업자 유형에 맞게 아래 그림을 참고하여 선택합니다.

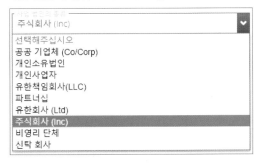

❹ 회사의 웹사이트가 있을 경우 입력합니다. 선택 입력 사항입니다.

❺ 회사 대표자의 여권 상 이름과 동일하게 영문으로 입력합니다.

❻ 회사 대표자의 여권에 표시된 성을 영문으로 입력합니다.

❼ 페이오니아에 로그인 시 사용할 이메일 주소를 입력합니다. 결제 솔루션의 이메일은 자주 보는 이메일 또는 아마존에 등록한 이메일을 사용하는 것이 좋습니다.

❽ 이메일 주소를 한 번 더 입력합니다.

❾ 달력 모양의 아이콘을 클릭하여 생년월일을 선택합니다.

❿ 모든 항목을 기재 후 [다음] 버튼을 클릭합니다.

🔟 연락처 정보란에 항목별로 입력합니다.

❶ "국가" 선택 란에서 "한국"을 선택합니다.

❷ "사업자 주소" 란에 회사의 주소를 영문 사업자등록증에 나와 있는 되로 입력합니다.

❸ "시" 란에 회사 영문 주소의 도시를 입력합니다.

❹ "우편번호" 란에 회사의 우편번호를 입력합니다.

❺ 등록한 주소와 회사의 법적 주소가 다른 경우에 체크 후 법적 주소를 입력합니다. 앞서 등록한 주소가 맞는다면 선택하지 않습니다.

❻ 전화번호 기재 란에 연락 가능한 휴대전화 번호를 입력합니다.

❼ [코드 전송]을 클릭하여 기재한 휴대전화로 인증코드를 받아 입력합니다.

❽ 모든 항목을 입력 후 [다음] 버튼을 클릭합니다.

6 "계정 정보" 항목을 입력합니다.

❶ "사용자 이름"은 페이오니아에서 사용하기 위해 등록한 이메일 주소가 자동으로 들어옵니다.

❷ 페이오니아에서 사용할 비밀번호를 입력합니다. 비밀번호는 최소 7자리 이상이어야 하고 알파벳과 숫자 (0~9)가 적어도 하나씩은 포함되어야 합니다.

❸ 등록한 비밀번호를 다시 한번 입력합니다.

❹ 보안 질문을 선택합니다. 이 보안 질문 및 답은 별도로 정리해 두는 것이 좋습니다. 추후 페이오니아 사용 시 필요한 경우가 있습니다.

❺ 보안 질문에 대한 답을 영문으로 입력합니다.

❻ "신분증 발급 국가"에서 한국을 선택합니다.

❼ 회사의 사업자등록번호를 "-" 없이 숫자로만 입력합니다.

❽ 아래 보이는 보안코드를 입력합니다.

❾ 모든 항목을 기재하였다면 [다음] 버튼을 클릭합니다.

7 회사의 외환 계좌에 대한 정보를 입력합니다.

❶ 회사명으로 가입 중이므로 "비즈니스 계정"를 선택합니다.

❷ 은행 개설 국가는 한국을 선택합니다.

❸ 통화는 한화(KRW)을 선택합니다.

❹ 사용할 은행의 영문명을 찾아 선택합니다.

❺ 외환 통장에 기재된 한글 이름을 입력합니다.

❻ 외환 통장에 기재된 영문 이름을 입력합니다.

❼ 신분증 정보란에 사업자등록번호를 "-" 없이 입력합니다.

❽ 외환 통장의 계좌번호를 입력합니다. 간혹 계좌번호가 14자리 이상일 경우 오류가 발생하는데 일반 입출금 통장의 계좌번호를 우선 입력하고 회원가입 완료 후에 수정하면 됩니다.

❾ 조건과 개인 정보와 쿠키 정책에 동의 체크합니다.

❿ 가격 및 수수료에 동의 체크합니다.

⓫ 모든 항목을 입력하였다면 [다음] 버튼을 클릭합니다.

8 모든 가입 신청이 완료되었다는 메시지를 확인하실 수 있습니다.

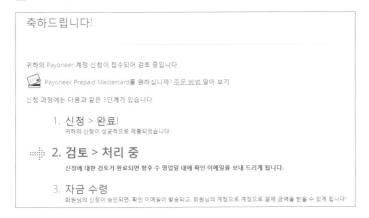

9 등록한 이메일을 확인하면 페이오니아에서 이메일 확인 메시지가 와있는 것을 확인하실 수 있습니다. [내 이메일 확인하기]를 클릭합니다.

10 이메일 확인까지 완료하였다면 페이오니아에 로그인할 수 있습니다. 로그인 후 보안 질문 및 답을 설정합니다. 차후 자금 인출 및 계정 정보 변경 시 필요하니 별도로 메모해 두는 것이 좋습니다.

❶ 첫 번째 보안 질문을 선택하고 답을 입력합니다.

❷ 두 번째 보안 질문을 선택하고 답을 입력합니다.

❸ 보안 질문과 답을 기재하였다면 [제출]을 클릭합니다.

2-2 페이오니아 가입 서류 제출

페이오니아에 회원가입을 완료 후에 제출해야 하는 서류는 영문 사업자등록증입니다. 준비한 영문 사업자등록증을 페이오니아에 업로드하면 모든 서류 제출은 완료됩니다. 간혹 페이오니아에서 신분확인을 위한 서류로 아래 그림과 같이 상반신이 보이고 양팔이 보이게 하며 오른쪽 손에는 "Payoneer"와 연월일이 표시된 종이와 왼쪽 손에는 여권 등을 들고 촬영한 사진을 보내야 하는 경우도 있으니 참고하시기 바랍니다.

1 페이오니아에 로그인합니다. 로그인 후 "인증 센터에 필요한 정보를 제출해 주십시오" 부분의 [지금 제출하기]를 클릭합니다.

2 계좌 확인을 클릭하여 "회사 확인 문서"를 클릭합니다.

3 검증센터에서 회사 확인 문서 중 사업자등록증을 선택하고 ❶ "DRAG YOUR FILE HERE OR BROWSE"를 클릭하여 사업자등록증을 업로드 후 ❷ [SUBMIT] 버튼을 클릭합니다.

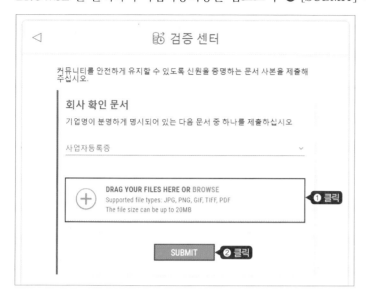

4 사업자등록증 제출이 완료되면 아래 그림과 같이 "SUCCESS!"가 표시됩니다.

5 모든 회원 가입 절차가 완료되어 페이오니아 계정이 활성화된 것을 확인하실 수 있습니다.

2-3 페이오니아에 싱가포르 계좌 개설

페이오니아 계정이 활성화되었다면 이번에는 쇼피 싱가포르에서 판매 대금을 정산 받을 싱가포르 계좌를 개설하도록 하겠습니다. 미리 싱가포르 계좌를 개설해 두어야 쇼피 판매 대금을 받는데 문제가 없으니 주의하시기 바랍니다.

1 페이오니아에 로그인 후 [받기] – [Global Payment Service]를 클릭합니다.

2 글로벌 대금 수취 서비스에서 [싱가포르 SGD] 추가를 클릭합니다.

3 싱가포르 계좌 신청이 완료된 것을 확인하실 수 있습니다.

4 싱가포르 계좌가 새로 개설된 것을 다음과 같이 확인하실 수 있습니다.

2-4 페이오니아에 외환계좌 등록

페이오니아에 외환계좌를 등록해 두어야 쇼피에서 정산된 판매대금을 인출할 수 있습니다. 이때 외환 계좌 1개로 SGD, USD, GBP, EUR 등의 국가별 환을 받을 수 있으니 쇼피 외에 판매하는 곳이 있다면 필요한 국가별 인출 계좌를 등록하는 것이 좋습니다.

1 페이오니아에 로그인 후 [설정] - [은행 계좌]를 클릭합니다.

2 외환계좌 등록을 위해 [은행계좌로 인출하기]를 클릭합니다.

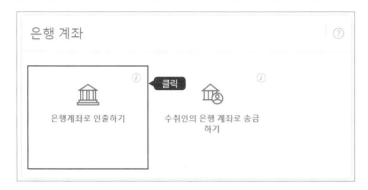

3 은행 계좌에서 싱가포르 인출 계좌를 등록하기 위해 [은행계좌 추가]를 클릭합니다.

4 은행 정보 상세 입력란에 세부 정보를 입력합니다.

❶ 은행 계좌 유형 선택에서 법인인 경우 [법인용]을 개인사업자인 경우 [개인용]을 선택합니다.
❷ 한국에 있는 은행에서 발행된 외환계좌이므로 은행 국가 선택 란에서 "한국"을 선택합니다.
❸ 은행 계정 통화 선택에서 쇼피 싱가포르 달러를 받기 위해 "SGD"를 선택합니다.
❹ 모든 사항을 선택하였다면 [다음] 버튼을 클릭합니다.

5 계좌 정보 상세 입력 란을 입력합니다.

❶ 외환 계좌를 발행 받은 은행의 영문명을 선택합니다.

❷ 외환 계좌의 예금주 명을 영문으로 입력합니다.

❸ 외환계좌번호를 "–" 없이 숫자로만 입력합니다.

❹ 확인 란에 동의 체크합니다.

❺ 모든 사항을 기재하였다면 [다음] 버튼을 클릭합니다.

6 페이오니아 가입 시 기재한 대표자의 생년월일을 입력 후 Payoneer 비밀번호를 입력합니다. 모든 사항을 입력하였다면 [은행계좌 추가] 버튼을 클릭합니다.

7 은행 계정이 추가된 것을 확인하실 수 있습니다. [내 은행 매니저로 돌아가기]를 클릭합니다.

3 _ 쇼피 싱가포르 판매자 가입하기

쇼피 첫 입점은 싱가포르만 가능합니다. 싱가포르 입점 완료 후 "원스톱 4개국 진출 패키지" 서비스를 통해 말레이시아, 필리핀, 베트남을 포함 총 4개 마켓에 입점할 수 있도록 쇼피코리아에서 지원하고 있습니다. 이외 국가는 셀러 인큐베이션 과정에서 '마켓 확장'을 통해 입점할 수 있습니다. 그럼, 쇼피 싱가포르 입점 절차에 대해 자세히 알아보도록 하겠습니다.

STEP 1	STEP 2	STEP 3	STEP 4	STEP 5
입점 신청	싱가포르마켓 인비테이션 발송	싱가포르마켓 상품 등록 완료	인큐베이션 팀 입장 싱가포르샵 판매 시작	[인큐베이션 팀] 2~4번째 샵 생성 완료 안내
	첫 번째 마켓 계정 생성	상품 등록 완료 기준 브랜드 : 상품 1개 일반 : 상품 10개	쇼피코리아 2~4번째 마켓 샵 생성 및 상품 등록 소요일 : 10일	4개 마켓 판매 시작 2~4번째 마켓 샵 계정 정보(ID/PW 전달)

◆ 출처 _ 쇼피코리아

3-1 쇼피코리아 입점 신청하기

❶ 쇼피코리아 (https://www.shopee.kr/) 홈페이지에 접속 후 우측 상단에 [입점 신청하기]를 클릭합니다.

2 아래 이미지와 같이 입점 신청서를 작성합니다.

사업자 등록번호

① ▨▨-▨-▨▨

담당자 성함

② 최진태

담당자 전화번호

③ ▨▨ ▨▨-▨▨

담당자 이메일

④ ▨▨@▨▨▨ ▨▨

⑤ ☑ 판매 이용약관 동의 (자세히 보기)

⑥ ☑ 개인정보 수집 및 이용 동의 (자세히 보기)

⑦ ☑ 광고성 정보 수신 동의 (자세히 보기)

⑧ 입점 신청하기

① 사업자등록번호를 입력합니다.

② 담당자 성함을 입력합니다.

③ 담당자 전화번호를 입력합니다.

④ 담당자 이메일을 입력합니다.

⑤ 판매 이용약관에 동의합니다.

⑥ 개인 정보 수집 및 이용 동의에 동의합니다.

⑦ 광고성 정보 수신 동의에 동의합니다.

⑧ 입력을 완료하였으면 [입점 신청하기]를 클릭합니다.

3 입점 신청서를 제출하고 영업일 기준 1~2일 안에 쇼피코리아에서 입점 안내 메일을 받게 됩니다.

입점 신청 자료 제출이 완료되었습니다.

영업일 기준 1~2일 셀러님의 정보 검토 후, 쇼피코리아에서 입점 안내 메일을 발송해드립니다.
*메일을 받지 못한 경우, 입점상담문의로 요청 바랍니다.

4 쇼피코리아에서 승인되면 다음과 같은 이메일을 받게 됩니다. [입점신청 하러가기]를 클릭하여 신청서를 작성합니다.

5 이메일에 소개된 "원스탑 4개국 진출 성공 패키지 서비스" 설명입니다.

6 주요 취급 상품, 입점 진행 마켓 등의 설문 내용을 입력합니다.

1 쇼피 싱가포르에서 판매할 상품의 카테고리를 선택합니다.

2 쇼피는 싱가포르부터 입점이 가능하기 때문에 "싱가포르, 말레이시아, 베트남, 필리핀"을 선택합니다.

3 영문 사업자명을 입력합니다. 영문 사업자등록증에 나와 있는 영문 사업자명을 기재하시는 것이 좋습니다.

4 쇼피에 등록할 이메일 주소를 입력합니다.

7 사업 정보 및 대표자 정보 등의 설문 내용을 입력합니다.

5 대표자 성함을 입력합니다.

6 대표자의 휴대폰 번호를 입력합니다. 앞으로 인증코드를 받아야 하니 주의하여 등록하여야 합니다.

7 사업자등록증에 기재된 상호를 입력합니다. 잘 못 기재할 경우 반려될 수 있으니 정확히 기재하여야 합니다.

8 쇼피 싱가포르에서 운영할 상품 수를 선택합니다.

9 온라인 판매 경험에 대한 유/무를 선택합니다.

10 사업자등록번호를 입력합니다.

⑧ 회사의 비즈니스 모델, 월평균 매출 등의 설문 내용을 입력합니다.

⑪ 회사의 비즈니스 모델을 선택합니다.

⑫ 월평균 판매 매출을 미국 달러 기준으로 선택합니다.

⑬ 온라인 마케팅 비용의 비중을 선택합니다.

⑨ 사업자등록증 제출 및 이용 약관에 동의합니다.

⑭ [파일 선택]을 클릭하여 사업자등록증 사본을 제출합니다.

⑮ 기업이 소재한 위치를 선택합니다. (예, 경기도 선택)

⑯ 오프라인 매장에서의 판매 유/무를 선택합니다.

⑰ 쇼피코리아 이용약관에 동의 체크합니다.

⑩ 모든 설문 사항을 입력하였다면 [Submit] 버튼을 클릭하여 신청서를 제출합니다.

3-2 싱가포르 판매자 가입하기

쇼피코리아에서 입점 승인이 완료되면 판매자 가입 이메일을 받게 됩니다. 이메일 내용에 링크를 클릭하면 셀러샵 오픈 페이지로 연결됩니다. 이제 판매자 가입 방법에 대해 알아보도록 하겠습니다.

❶ 아래 이미지와 같이 쇼피코리아에서 발송된 이메일 내용에 [링크]를 클릭합니다.

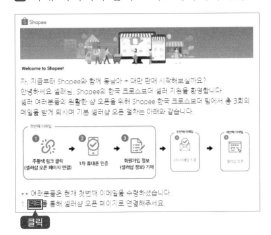

❷ 휴대폰 인증을 받기 위해 [전송] 버튼을 클릭합니다.

③ 받은 문자 메시지의 인증 코드를 입력하고 이용약관에 동의 후 [다음] 버튼을 클릭합니다.

④ 가입을 위한 기본 정보를 입력합니다.

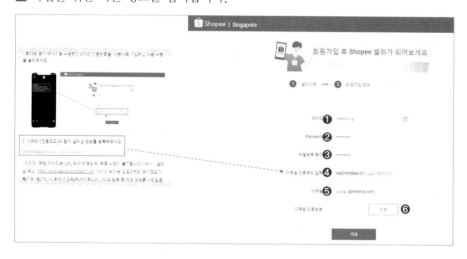

❶ 쇼피 싱가포르에서 사용할 아이디를 입력합니다. 해당 아이디는 샵 URL 뒤에 붙게 되며 추후 수정이 불가능하니 주의하여 만들어야 합니다. (예시 – 셀러샵 주소: http://shopee.sg/krcbtest1.sg) 아이디 뒤에는 입점 마켓의 국가 코드(싱가포르: .sg)가 붙으며, 로그인 시 함께 기입하여야 합니다. 사용자 아이디는 영문자, 숫자, 밑줄 및 점만 포함하여 5–30자여야 합니다. 공백이나 순수한 숫자는 허용되지 않습니다.

❷ 로그인 시 사용할 패스워드를 입력합니다.

❸ 로그인 패스워드를 한 번 더 입력합니다.

❹ 쇼피에서 받은 이메일 내용을 확인하면 "3. 아래의 [전용코드]와 함께 셀러샵 정보를 등록해주세요." 밑에 이메일 인증 코드가 있으니 확인하여 입력합니다.

❺ 쇼피 싱가포르에서 사용할 이메일 주소를 입력합니다.

❻ 입력한 이메일 주소 인증을 위해 [전송] 버튼을 클릭합니다.

⑤ 쇼피에서 2번째로 이메일이 오며 이메일 내용 안에 아래 이미지와 같이 이메일 인증 코드가 있으니 확인하여 입력합니다.

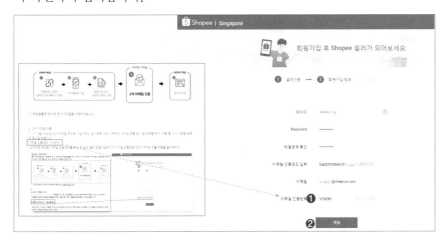

❶ 2번째로 발송된 이메일 내용의 이메일 인증 코드를 입력합니다.
❷ 인증 코드 입력 후 [제출] 버튼을 클릭합니다.

⑥ 쇼피 판매자 가입이 성공적으로 완료되었습니다.

⑦ 쇼피에 최종 가입한 내용을 확인하실 수 있는 3번째 이메일이 오며 샵 아이디와 연동 이메일 주소 등을 확인하실 수 있습니다.

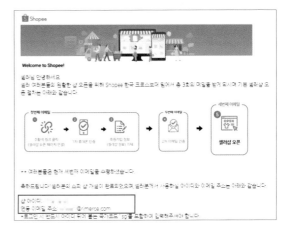

8 쇼피 싱가포르 셀러 센터(https://seller.shopee.sg/)에 접속하여 가입한 계정으로 로그인합니다. 로그인 시 주의해야 하는 사항은 반드시 아이디 뒤에 붙는 국가 코드 ".sg"를 포함하여 입력하여야 합니다.

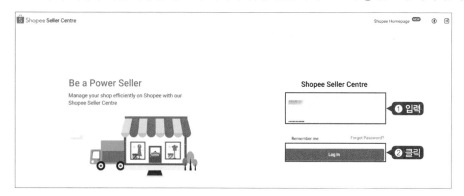

9 로그인을 완료하며 아래 이미지와 같이 싱가포르 셀러 센터의 화면을 확인하실 수 있습니다. 쇼피 싱가포르 셀러 센터는 한국어를 지원하지 않으며 영어와 중국어 만을 지원하고 있습니다.

4 _ Seller Shop 설정하기

이제 쇼피 판매자가 되었다면 기본적인 설정을 해야 합니다. 기본 설정할 사항은 계정(Account) 설정, Shop 설정, Shop 프로필, 배송 설정, 기본 주소 설정 등이 있습니다. 각 부분을 설정하도록 하겠습니다.

4-1 계정(Account) 설정

계정 설정에서는 내 계정에 대한 기본 정보를 수정할 수 있습니다. 수정할 수 있는 사항은 Phone, Password 등입니다.

1 Seller Centre에 로그인 후 [Setting] - [Account]를 클릭합니다.

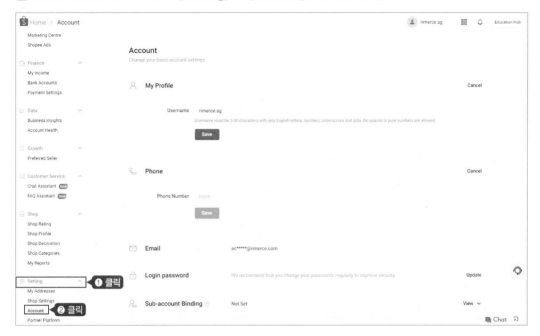

2 Seller Centre의 패스워드를 입력 후 [Verify]를 클릭합니다.

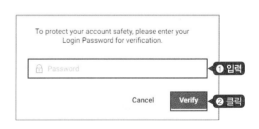

3 수정할 사항의 [Edit] 또는 [Update]를 클릭하여 수정합니다. 참고로 아이디와 이메일은 수정할 수 없습니다.

❶ Phone: 계정에 연결된 전화번호를 변경할 수 있습니다.

❷ Login password: 로그인 패스워드를 변경할 수 있습니다.

❸ Sub-account Binding: 관리자 계정 중 부계정을 추가 및 관리할 수 있습니다. 단, 쇼피에서 일부 판매자에게만 부여한 기능이므로 승인되지 않은 판매자는 사용할 수 없습니다.

4-2 Shop 설정(Shop Settings)

Shop 설정(Shop Settings)은 휴가 설정, 채팅 설정, 알림 설정 등 판매자가 판매 활동을 하면서 필요한 기본 사항을 설정할 수 있는 곳입니다. 예를 들어 휴가 설정의 경우 한국의 설, 추석 등의 명절로 인해서 배송이 불가능하거나 휴가를 가기 위해 배송이 불가능할 경우 설정할 수 있습니다. 휴가 설정을 할 경우 상품이 노출되지 않습니다. Seller Centre에 로그인 후 [Setting] – [Shop Settings]에서 설정할 수 있습니다.

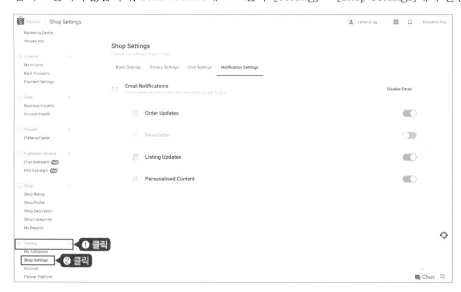

Basic Settings

Basic Settings에서는 휴가 설정, 사용 언어 설정 등을 할 수 있습니다.

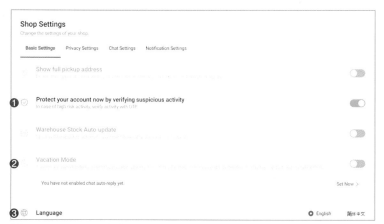

❶ Protect your account now by verifying suspicious activity: 계정 해킹 등을 보호하기 위한 기능입니다. 로그인하지 않던 곳에서 로그인을 할 경우 등록된 전화번호로 인증 코드를 발송하여 로그인할 수 있도록 하는 기능입니다.

❷ Vacation Mode: 휴가 등의 이유로 배송을 하지 못할 경우 설정할 수 있는 기능입니다. 이 기능을 선택할 경우 상품이 노출되지 않아 신규 주문이 들어오지 않습니다.

❸ Language: Seller Centre에서 사용할 언어를 선택하는 기능입니다.

Privacy Settings

개인 정보 설정인 Privacy Settings은 판매자가 활동하면서 남긴 "댓글" 및 판매자의 상점 프로필 페이지에서 판매자의 "좋아요" 등을 볼 수 없도록 설정할 수 있습니다.

❶ Private Activities: 개인 활동을 설정하면 모든 팔로워로부터 좋아요 활동과 댓글 활동을 숨길 수 있습니다.

❷ Hide my likes: 이 기능을 활성화할 경우 판매자 상점 프로필 페이지에서 판매자의 "좋아요"를 볼 수 없습니다.

Chat Settings

채팅 설정은 판매 활동을 하면서 고객과의 채팅 전에 미리 상품 판매에 있어 협상 허용하거나 악성 고색을 차단할 수 있는 기능입니다.

❶ Allow Negotiations: 고객과 채팅을 하면서 고객이 가격 할인 등을 요구할 수 있게 협상 허용을 설정할 수 있습니다.

❷ Accept Chat From Profile Page: 판매자의 프로필 페이지에서 채팅 요청을 할 수 있게 하는 메뉴입니다.

❸ Blocked Users: 악성 고객이 있을 경우 미리 채팅에서 차단할 수 있는 메뉴입니다.

Notification Settings

알림 설정에서는 주문 내역, 상품 수정 내역 등에 대한 이메일 알림을 설정할 수 있는 기능입니다.

❶ Order Updates: 주문 내역이 있을 경우 이메일 알림을 설정할 수 있는 메뉴입니다.

❷ Newsletter: 쇼피의 뉴스레터에 대해 이메일 알림을 설정할 수 있는 메뉴입니다.

❸ Listing Updates: 상품의 수정, 품절, 중지, 삭제 등의 변경 사항이 있는 경우 이메일 알림을 설정할 수 있습니다.

❹ Personalised Content: 판매자에게 맞춤 정보가 있는 경우 이메일로 받아 볼 수 있도록 알림을 설정할 수 있습니다.

4-3 Shop 프로필 설정(Shop Profile)

Shop 프로필 설정은 상점의 상단부분에 있는 샵 프로필 사진, 샵 커버 사진, 샵 이름, 배너 사진 또는 동영상, 샵 설명 등을 설정할 수 있는 메뉴입니다. Shop 프로필은 Shop 디자인과는 다른 사항이며 Shop 디자인은 "Lesson 02 Seller Shop 디자인"에서 자세히 설명하도록 하겠습니다.

❶ 샵의 프로필 사진을 설정할 수 있습니다. 샵 프로필 사진의 추천 사이즈는 300px * 300px입니다.

❷ 샵의 커버 사진을 설정할 수 있습니다. 샵 커버 사진의 추천 사이즈는 1200px * 600px입니다.

❸ Shop Name은 샵 이름을 수정할 수 있는 메뉴로 샵 이름은 35자 이내로 한 달에 한 번 변경이 가능하니 꼭 주의해서 설정하시기 바랍니다.

❹ Images and Videos에서는 판매자가 상품을 홍보 이미지이나 동영상 등을 샵 대문에 설정할 수 있는 메뉴입니다. 이미지 또는 동영상은 최대 5개까지만 업로드가 가능하며 이미지의 추천 사이즈는 1200px * 600px입니다.

❺ Shop Description은 500자 이내로 판매자의 샵에 대한 간단한 소개와 안내사항 등을 작성하는 메뉴입니다.

❻ 모든 사항을 작성하였으면 [Save]를 클릭하여 내용을 저장합니다.

4-4 배송 설정하기(Shipping Setting)

배송 설정은 쇼피 판매에 있어서 가능 중요한 설정 사항으로 잘 못 설정할 경우 물류 시스템이 꼬여 고객에게 상품이 늦게 도착하거나 배송 기간에 못 맞추는 경우가 발생하니 주의하여야 합니다. 쇼피 싱가포르는 자체 물류 서비스 (SLS, Shopee Logistics Service)를 이용하여 배송하기 때문에 DTS (Days to Ship, 판매자 출고 기한)을 정해두고 있기 때문에 기한 내에 쇼피 물류 센터로 입고하여야 합니다. 그럼, 배송 설정에 대해 알아보겠습니다.

1 Seller Centre에 로그인 후 [Shipment] – [Shipping Setting]를 클릭합니다.

2 배송 설정이 "Shipping Channel"에서 [Standard Express – Korea]로 활성화되어 있는지 확인 하시기 바랍니다. 또한, 쇼피의 [Standard Express – Korea]를 기본 배송으로 사용할 경우에는 "Set as preferred shipping option"을 활성화하는 것이 좋습니다.

❸ 앞서 설명드린 것과 같이 쇼피에서는 DTS (Days to Ship, 판매자 출고 기한)을 두고 있습니다. DTS는 구매자가 주문을 완료한 뒤 4일 이내로 판매자가 상품을 SLS 집하지에 입고하여 바코드 스캔이 완료되어야 한다는 기준입니다. DTS 수정이 필요한 경우에는 [Edit] 버튼을 클릭합니다.

❹ DTS는 기본 2일로 표기되어 있으며 예약 상품의 경우 최대 5일까지만 설정할 수 있습니다.

❝ DTS (Days to Ship, 판매자 출고 기한) 주의 사항
- 주문 완료 후 총 4 일 (2 영업일 이내 출고 + 2 달력 일수) 이내 집하지 도착 및 바코드 스캐닝 필수
- DTS 7일 이내 집하지 도착 시 판매자에게 페널티 부과 후 배송 진행
- DTS 7일 (2 영업일 + 5 달력 일수) 초과 시 페널티 부과, 주문 자동 취소, 착불로 판매자에게 반송

5 _ 페이오니아 가상 계좌 연동

쇼피에서 판매 대금을 받기 위해서는 쇼피 Seller Centre에 페이오니아 계좌를 연동해 두어야 합니다. 계좌를 연동하기 위해는 페이오니아 PIN Code가 있어야 합니다. 페이오니아 PIN Code는 쇼피 계정을 개설을 완료하고 나면 쇼피코리아에서 이메일로 알려주니 오류 없이 입력하여 페이오니아 연동을 마무리하여야 합니다. 그럼, 페이오니아 계좌를 연동하도록 하겠습니다.

1 Seller Centre에 로그인 후 [Finance] – [Bank Accounts]를 클릭합니다.

2 [Bank Accounts] 클릭하면 아래 이미지와 같이 Seller Centre 로그인 패스워드를 입력하라고 팝업으로 알려 줍니다. 로그인 패스워드를 입력 후 [Verify]을 클릭합니다.

3 "My Payment Services"에서 페이오니아(Payoneer)의 [Register/Login]을 클릭합니다.

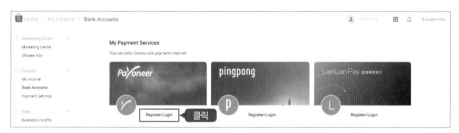

4 이때 아래 이미지와 같이 페이오니아 PIN Code를 입력하라는 팝업 창이 뜨게 되는데 PIN Code는 아래 좌측 이미지와 같이 쇼피코리아에서 발송된 이메일에서 확인하실 수 있습니다. 만약, 본 이메일이 오지 않은 경우에는 쇼피코리아 (https://form.jotform.com/202327694546057)에 재발급 신청을 합니다.

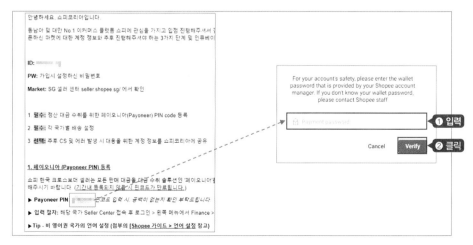

⑤ 페이오니아 PIN Code를 입력하고 나면 화면이 다음과 같이 페이오니아 가입 화면으로 전환되게 됩니다. 앞서서 페이오니아 회원가입을 완료하였으니 우측 상단의 [여기를 클릭하세요!]를 클릭합니다.

⑥ 아래 이미지와 같이 쇼피 싱가포르와 페이오니아 계정을 연결하기 위해 페이오니아를 로그인합니다.

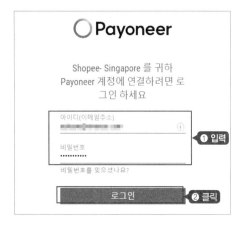

⑦ 페이오니아와 쇼피가 연결이 완료되면 아래 이미지와 같이 다시 Seller Centre 로그인 패스워드를 입력하라는 팝업 창이 뜨게 되는데 Seller Centre 로그인 패스워드를 입력 후 [Verify]을 클릭합니다.

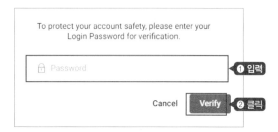

🔡 Seller Centre의 My Payment Services 창에서 페이오니아 계정이 연동된 것을 확인하실 수 있습니다.

🔢 쇼피와 페이오니아 계정이 연동되고 나면 페이오니아에서 아래 이미지와 같이 쇼피 싱가포르에서 대금을 수취할 수 있다는 알려주는 이메일을 받게 됩니다.

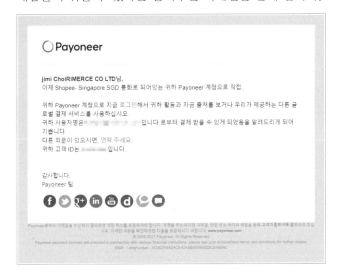

🔟 쇼피에서도 Payment 설정이 완료되었다는 이메일을 보내줍니다. 이로써 페이오니아 가상 계좌 연동은 완료되었습니다.

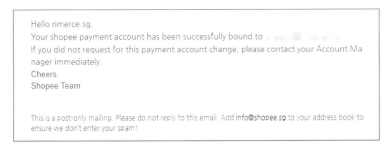

02 Seller Shop 디자인

이번 장에서는 쇼피 Seller Shop 디자인에 대해 알아보겠습니다. 쇼피에서 판매를 늘리는 가장 효과적인 방법 중 하나는 샵 디자인을 소비자가 관심을 가질 수 있게 TOP PRODUCTS, HOT DEALS 상품 등을 보기 좋게 디자인하는 것입니다. Shop Decoration은 가능한 가장 쉽고 편리한 방법으로 이를 수행할 수 있도록 도와줍니다. 그럼, 샵 카테고리, PC 버전 디자인, 모바일 버전 디자인에 대해 알아보도록 하겠습니다.

1 _ Shop 카테고리 설정하기

샵 카테고리는 구매자가 판매자의 샵에 들어왔을 경우 판매하고 있는 상품을 구분하여 볼 수 있게 해주는 중요한 부분입니다. 쇼피 샵 카테고리의 경우 1단계인 "대분류" 카테고리만을 생성할 수 있으니 상품별로 구분하여 카테고리를 생성해야 합니다. 샵 카테고리의 "On Sale"와 "New Arrival"은 기본적으로 생성되어 있는데 On Sale은 할인 중인 상품이 있을 경우에만 활성화를 할 수 있으며 New Arrival은 7일 이내 등록한 상품이 자동 노출되는 카테고리로 삭제나 수정할 수 없습니다. 샵 카테고리를 설정하도록 하겠습니다.

1 Seller Centre에 로그인 후 [Shop] – [Shop Categories]를 클릭 후 [Add Category]를 클릭합니다.

2 Add Category에서 등록할 카테고리 명을 입력합니다. 카테고리를 생성 후 추후에 상품을 추가할 수 있으니 미리 생성하여도 괜찮습니다.

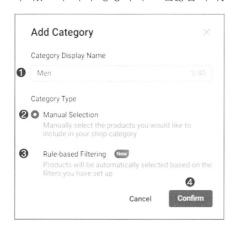

❶ Category Display Name: 샵에 등록할 카테고리 명을 입력합니다.

❷ Manual Selection을 선택할 경우 카테고리에 등록할 상품을 수동으로 선택할 수 있습니다. Manual Selection을 선택해서 상품을 직접 선택하시는 것을 추천드립니다.

❸ Rule-based Filtering을 선택할 경우 설정한 필터에 따라 상품이 자동으로 선택됩니다.

3 생성된 카테고리에 상품을 추가하기 위해서는 새로 생성한 카테고리 옆에 [Add Products]를 클릭합니다.

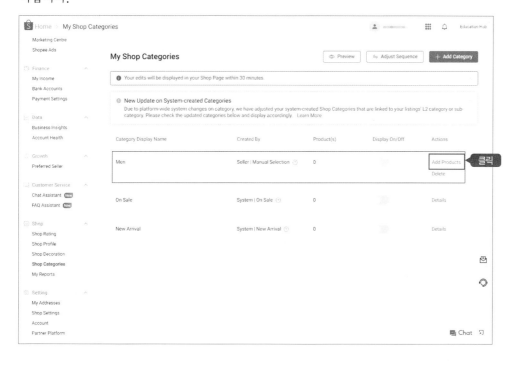

❹ Select Products에서 등록된 상품을 찾아서 선택할 수도 있으며 상품명 등으로 검색해서 선택할 수도 있습니다. 새로 생성한 카테고리에 진열할 상품을 선택 후 [Confirm]을 클릭하면 상품이 선택한 카테고리에 진열됩니다.

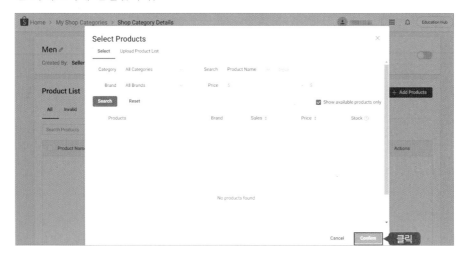

2 _ PC버전 디자인하기

쇼피 셀러 샵의 Shop Decoration을 통해 미리 생성된 템플릿을 드래그 앤 드롭(drag and drop)으로 원하는 템플릿을 선택하여 붙여 넣고 이미지 및 비디오, 상품들을 진열할 수 있는 형태입니다.

❶ Seller Centre에 로그인 후 [Shop] – [Shop Decoration]를 클릭 후 [PC] 버전을 클릭 후 [Edit Decoration]을 클릭하면 새 창으로 Shop Decoration이 나타납니다.

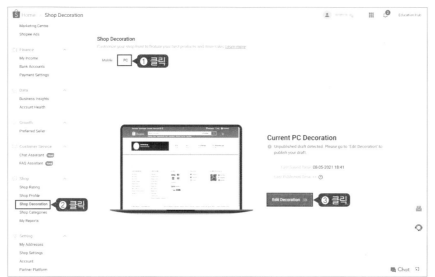

❷ Shop Decoration에서 [Template]을 선택합니다. 현재는 "Standard" 버전만 지원하고 있으나 추후 더 많은 템플릿을 업데이트한다고 하니 업데이트되는 템플릿을 이용해 보는 것도 좋은 방법입니다.

❸ Component는 샵을 디자인하기 위한 템플릿 모듈들이 있는 곳으로 실재 디자인 작업에 사용됩니다.

❶ Template: 샵의 전체 디자인 형태를 선택하는 메뉴입니다.
❷ Component: 샵 디자인을 위한 템플릿 모듈 영역입니다.
❸ Shop Profile에서 설정한 내용이 표시되는 영역입니다. 샵 프로필을 수정하기 위해서는 [Shop] – [Shop Profile]을 클릭하여 수정할 수 있습니다.
❹ 디자인 템플릿 모듈을 드래그 앤 드롭(drag and drop)으로 원하는 위치에 넣을 수 있는 디자인 영역입니다.
❺ 선택한 템플릿 모듈의 세부적인 사항을 입력하는 영역입니다.
❻ 완성한 PC버전의 샵 디자인을 모바일 버전으로 복사할 수 있는 메뉴입니다. 이 메뉴를 선택하면 별도로 모바일 버전의 샵 디자인을 할 필요 없이 PC버전을 모바일 버전으로 사용할 수 있습니다.
❼ 샵 디자인을 미리 볼 수 있는 메뉴입니다.
❽ 현재까지 작업한 샵 디자인을 저장할 수 있는 메뉴입니다.
❾ 최종적으로 디자인한 샵을 게시하기 위한 메뉴입니다.

☑ Component에서 원하는 디자인 템플릿 모듈을 드래그 앤 드롭(drag and drop)으로 원하는 위치에 위치 시킬 수 있습니다.

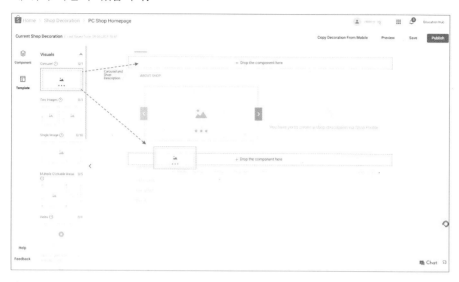

☑ Carousel은 여러 개의 이미지 또는 동영상, 상품 등을 롤링 형태로 보여주는 템플릿 모듈입니다.

- 이미지 : 너비 2,000px×높이 100–2,200px, 비율은 처음 업로드된 이미지 또는 동영상을 기준으로 고정
- 각 이미지당 최대 2.0MB 이내
- 허용되는 이미지 형식 : JPG, JPEG, PNG
- 허용된 동영상 : YouTube 동영상

☑ Two Images는 2개의 이미지를 업로드할 수 있는 영역이 있으며 각 이미지는 상품 또는 샵 카테고리로 링크를 걸 수 있습니다.

- 이미지 : 너비 600px×높이 600px
- 각 이미지당 최대 2.0MB 이내
- 허용되는 이미지 형식 : JPG, JPEG, PNG

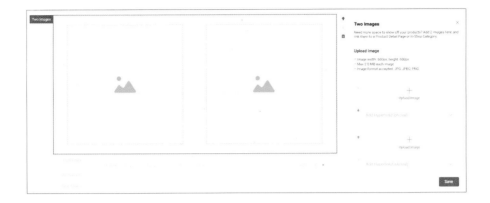

7 Single Image은 1개의 이미지를 업로드할 수 있는 모듈로 프로모션 배너, 상품 홍보 이미지 등을 업로드하고 상품 또는 샵 카테고리로 링크를 걸 수 있습니다.

- 이미지: 너비 1,200px×높이 10-2,200px
- 각 이미지당 최대 2.0MB 이내
- 허용되는 이미지 형식: JPG, JPEG, PNG

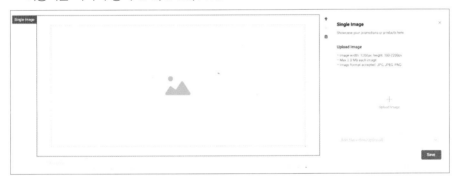

8 Multiple Clickable Areas은 1개의 이미지를 업로드하여 이미지에서 영역을 선택하고 해당 영역에 링크를 추가하여 클릭하면 새 페이지가 열리는 기능을 가지고 있는 모듈로 10개의 클릭 가능한 영역을 만듭니다.

- 이미지: 너비 1,200px * 높이 100-2,200px
- 각 이미지당 최대 2.0MB 이내
- 허용되는 이미지 형식: JPG, JPEG, PNG

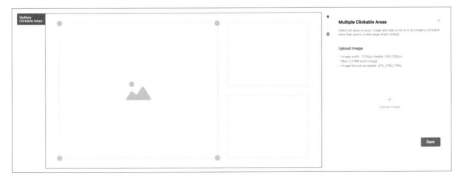

⑨ Video 모듈은 브랜드 또는 상품을 홍보할 수 있는 동영상을 업로드할 수 있는 디자인 모듈입니다.

• YouTube URL만 허용됨

⑩ Carousel and Shop Description은 롤링 이미지 배너 또는 동영상으로 브랜드, 상품, 프로모션 등을 소개할 수 있는 모듈입니다.

• 이미지: 너비 2,000px * 높이 1,000px
• 각 이미지당 최대 2.0MB 이내
• 허용되는 이미지 형식: JPG, JPEG, PNG
• 허용된 동영상: YouTube 동영상

⑪ Product Highlights는 신규 등록 상품 또는 베스트셀러 상품 4개를 자동이나 직접 선택으로 표시할 수 있는 모듈입니다.

⓬ Product – By Category는 원하는 카테고리를 선택하여 상품을 노출하는 모듈로 Smart 또는 직접 선택으로 상품을 진열할 수 있습니다.

⓭ Top Products은 셀러 샵에서 베스트셀러 상품을 보이게 하는 영역입니다.

- 상위 상품은 재고가 있는 상품으로 가장 높은 월간 판매 순으로 진열
- 최소 3개 최대 6개 상품이 표시
- 상위 상품이 3개 미만인 경우 이 구성 요소는 셀러 샵에서 자동으로 숨겨짐

⓮ New Products은 셀러 샵에 신규로 등록된 상품이 보이는 디자인 모듈입니다.

- 새 상품은 지난 14일 이내에 생성된 사용 가능한 재고가 있는 상품
- 최소 3개 최대 6개 상품이 표시
- 새 상품이 3개 미만인 경우 이 구성 요소는 셀러 샵에서 자동으로 숨겨짐

⓯ Image Category List은 고객이 좋아하는 상품을 찾을 수 있도록 상위 카테고리를 표시하는 모듈로 Smart 또는 직접 선택으로 상품을 진열할 수 있는 모듈입니다.

※ 직접 선택 (Manual)로 진행 시
- 이미지: 너비 300px * 높이 300px
- 각 이미지당 최대 2.0MB 이내

- 허용되는 이미지 형식: JPG, JPEG, PNG
- 재고가 있는 상품 카테고리만 상점에 표시

16 Hot Deals은 할인이 진행되는 Deals 진행 상품을 선보일 수 있는 모듈입니다.

- 핫 딜은 쇼피 전체의 인기도에 따라 선택되는 할인 프로모션 내에서 사용 가능한 재고가 있는 상품
- 구매자는 구매 행동에 따라 다른 상품을 볼 수 있음
- 최소 3개 최대 6개 제품이 표시
- Hot Deal 제품이 3개 미만인 경우 이 구성 요소는 셀러 샵에서 자동으로 숨겨짐

17 Shop Description은 셀러 샵에 샵 프로필을 표시하는 모듈입니다. Shop Profile에서 수정할 수 있습니다.

3 _ 모바일 버전 디자인하기

셀러 샵 디자인 중 모바일 버전은 쇼피 싱가포르 구매자들이 가장 많이 보는 샵 버전이라고 합니다. 그 이유는 PC를 통한 쇼핑보다 모바일을 사용한 쇼핑이 더 많기 때문에 가능하면 모바일 최적화를 하는 것이 가장 중요합니다. 앞서 설명드린 PC버전에서의 상단 메뉴 중 [Copy Decoration From

Mobile]을 통해 완성한 PC버전 샵 디자인을 바로 모바일 버전으로 등록할 수 있습니다. 단, 모바일 버전으로 변환 시 이미지 깨짐 현상이 발생할 수 있으니 [Copy Decoration From Mobile] 후 모바일 버전에서 체크를 해야 합니다. 모바일 버전의 디자인 모듈 또한 PC버전의 디자인 모듈 및 형태는 똑같기 때문에 별도의 설명은 하지 않겠습니다.

1 Seller Centre에 로그인 후 [Shop] - [Shop Decoration]를 클릭 후 [Mobile] 버전을 클릭합니다.

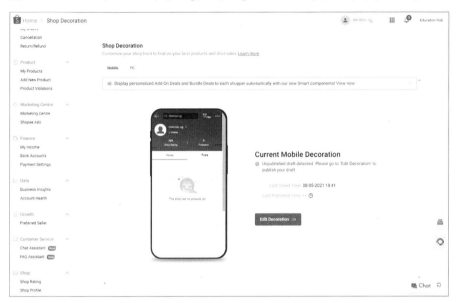

2 [Edit Decoration]을 클릭하면 새 창으로 Shop Decoration이 나타납니다.

Shopee

Shopee

쇼피(Shopee) 싱가포르에 상품 등록하기

01 개별 상품 등록하기

이번 장에서는 쇼피에 상품 등록 시 주의해야 할 사항과 상품 등록하는 방법 중 개별 상품 등록과 엑셀 파일을 통한 대량 등록에 대해 알아보도록 하겠습니다. 쇼피에는 상품 등록에 대한 규정이 있기 때문에 규정에 맞게 상품을 등록해야 상품 노출도 잘되고 구매 전환으로도 이어질 수 있으니 주의사항에 대해서는 꼭 숙지하는 것이 좋습니다.

1 _ 상품 등록 시 주의 사항

앞서 "Chapter 01 – Lesson 03 – 3. 쇼피의 상품 등록 정책"에서 설명 드린 것과 같이 상품을 등록하기 전에 알아야 하는 리스팅 제한, 금지 목록, 등 여러 가지 정책이 있습니다. 그 외에 다음 단원에서 설명할 브랜드 등록, 상품 타이틀, 상품 가격 등에 대한 내용도 있으니 상품 등록 전에 확인하고 상품을 등록하시기 바랍니다.

1-1 브랜드 등록

쇼피에 상품을 등록할 때 브랜드는 필수 입력 사항이며 브랜드를 등록한 경우 상품 노출이나 쇼핑객이 쇼피에서 검색할 때 상품을 더 쉽게 식별하고 인식할 수 있기 때문에 구매 전환으로 이어질 확률이 높아질 수 있습니다. 그럼 브랜드 등록 방법에 대해서 알아보겠습니다.

1 Seller Centre에 로그인 후 [Product] - [Add New Product]를 클릭합니다.

2 Product Category에서 등록할 카테고리를 선택합니다.

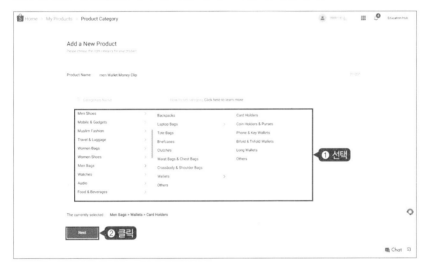

3 상품 등록 페이지 중 Specfication 영역의 Brand 드롭다운 메뉴를 선택 후 [Click here to add your brand]를 클릭합니다.

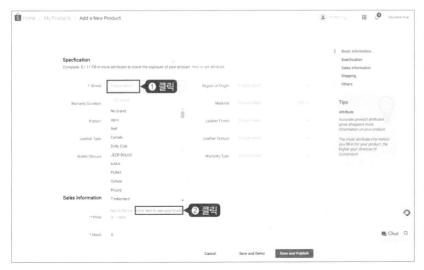

4 브랜드 등록에 필요한 정보를 입력합니다.

❶ [필수] 앞서 선택한 카테고리가 표시됩니다.

❷ [필수] 등록할 브랜드 명을 입력합니다.

❸ [필수] 등록할 브랜드의 상품 이미지를 등록합니다. 이때 가능하면 실물 사진 이미지를 여러 장 등록하는
것이 좋습니다.

❹ 등록할 브랜드의 로고를 등록합니다. 로고 이미지는 가능하면 가로 1,500px 세로 1,500px의 이미지를 등록합니다.

❺ 브랜드 웹사이트가 있다면 웹사이트 URL를 입력합니다.

❻ 브랜드에 대한 추가 설명 내용을 입력합니다.

❼ 체크 박스를 체크합니다.

❽ 모든 정보를 입력 후 [Submit]를 클릭하여 등록할 정보를 제출합니다.

5 상품 등록 페이지 중 Specfication 영역의 Brand 드롭다운 메뉴를 선택하면 신청한 브랜드 승인
대기 중인 것을 확인하실 수 있습니다. 쇼피에서는 브랜드 등록 제출 후 5영업일 이내에 이메일을
통해 신청 결과를 알려 줍니다.

1-2 카테고리 선택

상품을 알맞은 카테고리에 업로드하면 해당 카테고리를 검색하는 고객들이 여러분의 제품을 더 쉽게 찾을 수 있습니다. "쇼피 카테고리 가이드 (https://seller.shopee.sg/edu/category-guide)"를 사용하면 좀 더 정확한 카테고리를 찾을 수 있습니다. 만약, 잘못된 카테고리를 선택하면 잠재적인 판매 손실이 발생할 뿐만 아니라 목록 위반이 발생할 수도 있으며 올바른 카테고리가 선택될 때까지 상품의 검색 순위가 일시적으로 낮아질 수 있으니 주의하여야 합니다.

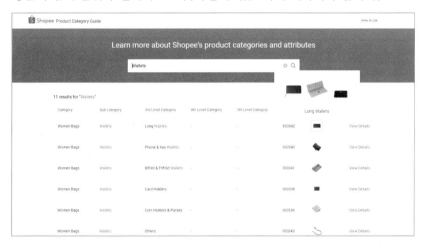

1-3 상품 타이틀

상품명은 쇼핑객이 상품을 검색할 때 사용하는 키워드를 위주로 하여 "브랜드 + 사양 및 유형 + 모델" 등의 순으로 하여 배치하는 것이 중요하며 상품을 검색할 수 있는 연관 키워드도 같이 등록하는 것이 중요합니다.

Samsung 49-inch Full HD Smart TV J5250 Series 5

| Brand | Specifications and type | Model |

또한, 상품명에 사용하지 말아야 하는 내용도 있으니 아래 내용을 숙지하는 것이 좋습니다.

a. 각 단어의 첫 번째 단어를 대문자로 작성하세요.

b. 모든 단어를 대문자로 쓰지 마세요. (브랜드명이 모두 대문자인 경우(ZARA, ASUS) 제외)

c. "Hot Item", "Best Seller", "Sale", "Free Shipping", 가격과 같은 부가적인 코멘트나 홍보 메세지는 포함하지 마세요.

d. 이모티콘 또는 해시태그나 }, ~, $, ^, {, ⟨, !, *, #, @, :, %, ⟩ 같은 심볼은 사용하지 마세요.

e. 다음 표는 증명된 효과적인 제품명 구조를 담고 있습니다.

제품명 구조 = 브랜드명 + 제품 모델 + 제품 사양 + 사이즈	
브랜드명 Example: Garmin Fenix 5x Gray Xiaomi Gen 2s Power bank 10000mAh(2USB Ports)	**제품사양** Example: Dell XPS Ultabook – 13,3˝ – Core 17 855o* – 16RAM Nike Rosh 2 – Pure White
제품 모델 Example: Herschel Supply Co. Dawson Backpack 20.5L Xiaomi Gen 2S Powerbank 10000 mAh(2USB Ports	**사이즈** Example: Innisfree Green Tea Cleansing Foam(30ml) YEOS Jusea Green tea white grape 250ml×24

1-4 상품 이미지

쇼피에서 상품 이미지는 메인 이미지를 포함하여 총 9개의 이미지를 올릴 수 있습니다. 다른 상품 옵션(색상, 사이즈 등)을 제공할 경우 이미지를 추가로 업로드할 수 있습니다.

좋은 메인 이미지 예시	추가 이미지			
	다른 각도에서 촬영한 이미지	제품 사양과 보충	제품 사용법	제품 옵션

다음 표는 상품 이미지에 대한 가이드라인입니다. 확인하시고 상품 이미지 가이드에 맞게 상품 이미지를 등록하는 것을 추천드립니다.

핵심 요소	상품 이미지 가이드라인
제품 관련성	• 제품과 브랜드를 명확하게 담고 있어야 합니다. • 해당 리스팅에 소개된 제품만을 보여줘야 합니다. • 텍스트나 그래픽을 추가하지 마세요.
사진 스타일	• 흰색 스크린과 같이 적절한 밝기의 배경에서 제품에 집중된 샷을 촬영하세요. • 제품이 이미지의 70%를 차지하는지 확인하세요. • 앞면 또는 30도 앵글 샷을 사용하세요. • 특정 부위가 확대되거나 잘린 이미지는 사용하지 마세요. • 공격적으로 느껴질만한 이미지는 사용하지 마세요.
사진 크기	• 이미지 최소 사이즈: 500×500pixel • 이미지 최소 화질: 73dpi • 제품 비유을 왜곡시키지 마세요.

1-5 Misleading Discount(오해의 소지가 있는 할인)

Misleading Discount란 판매자가 프로모션 직전에 할인을 과장하기 위해 제품 가격을 인상하는 상황을 뜻하며 이러한 가격 조작은 실제 할인에 대한 잘못된 인상을 주어 구매자의 신뢰를 떨어트리는 것이니 피해야 합니다.

쇼피에서는 판매 가격 인상에 대한 정책 중 최초 등록된 판매 가격에서 10% 이상의 가격 인상을 허용하지 않고 있으며 위반 시 자동으로 상품 삭제 및 페널티가 부과되는 사유가 될 수 있으니 주의하여야 합니다.

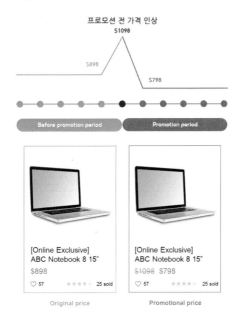

1-6 상품 상세 설명

쇼핑객들이 상품에 대해 더 잘 이해할 수 있도록 상품 소개를 구체적으로 작성하면 구매 결정 전 제품에 대한 문의를 최소화할 수 있으며 잘 설명된 상품 설명의 경우 구매 전환으로 이어질 가능성이 높아질 수 있습니다.

상품 상세 설명의 경우 한국과 같이 이미지로 제작하는 형태가 아닌 텍스트 위주의 상세 페이지만 가능하니 상품에 대해 자세한 설명을 기재하는 것이 좋습니다.

❶ 상품 사양, 재질, 무게, 사이즈와 같이 제품에 대한 중요한 정보를 작성하여야 하며 전자제품, 장비 등의
　 카테고리에 속한 상품이라면 특히 더 세부적으로 작성하는 것이 중요합니다.

❷ 상품 사용법과 주요 기능, 특장점을 설명하고 상품을 어떻게 사용할 수 있는지 설명하여야 합니다.

❸ 상품 보증 내용과 기간 등에 대한 정보를 명확히 기재하는 것이 좋습니다.

2 _ 상품 등록하기

쇼피의 상품 등록 방식은 단일 상품 등록과 옵션을 선택할 수 있는 옵션(Variations) 상품 등록 형태로
나누어지는데 모두 하나의 화면에서 설정할 수 있기 때문에 상품 등록이 굉장히 편하게 되어 있습니다.
또한, 아래 이미지와 같이 "리스팅 품질 검사기" 있어 상품 등록 시 문제가 될 수 있는 위반 사항 등에
대해서도 미리 알림이 표시되기 때문에 리스팅 위반을 피할 수도 있으니 알림 내용을 확인하고 개선해
나가는 것을 추천드립니다. 그럼, 상품 등록 방법에 대해 자세히 살펴보도록 하겠습니다.

2-1 단일 상품 등록하기

단일 상품이란 옵션을 선택하지 않고 상품 하나만을 등록하는 형태의 상품 등록 방식입니다.

1 Seller Centre에 로그인 후 [Product] - [Add New Product]를 클릭합니다.

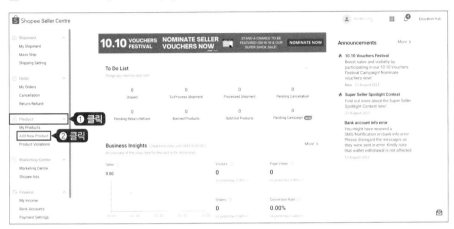

2 "Product Name"에 등록한 상품의 관련 키워드를 10자 이상 입력 후 상품을 등록할 카테고리를 직접 선택할 수도 있고 "Product Name"에 10자 이상을 입력하면 자동으로 표시해 주는 관련 카테고리를 선택하여 등록할 수도 있습니다. 카테고리를 선택하였다면 하단의 [Next] 버튼을 클릭합니다.

3 Basic information에 상품 이미지 및 비디오, 상품 설명 등을 입력합니다.

1 Product images: 상품 대표(Cover Photo) 이미지를 포함해 총 9개의 이미지를 업로드할 수 있으며 최소 사이즈는 500px * 500px 이상이어야 합니다.

2 Product Video: 상품을 홍보할 수 있는 동영상을 업로드할 수 있으며 상품 디테일 페이지에서 이미지보다 우선적으로 보이게 됩니다.

　− 크기: 최대 30Mb, 해상도는 1280x1280px를 초과해서는 안 됩니다.

　− 기간: 10초−60초 이내 / 형식: MP4

　− 참고: 동영상이 처리되는 동안 이 목록을 게시할 수 있으며 동영상이 성공적으로 처리되면 목록에 표시됩니다.

3 Product Name: 상품 타이틀을 입력하는 란으로 최대 255자를 작성할 수 있으며 상품의 "브랜드 + 사양 및 유형 + 모델 + 연관 키워드" 등의 순으로 작성하는 것이 좋습니다.

4 Product Description: 상품에 대한 자세한 설명 및 사용 방법 등을 입력할 수 있으나 이미지 + HTML 등은 사용할 수 없습니다. 상품 설명을 위해 20~3000자를 입력할 수 있습니다.

5 Category: 앞서서 선택한 카테고리가 표시됩니다.

4 Specfication에서는 상품의 속성 등을 입력합니다. **6**의 Brand는 필수 입력 사항이기 때문에 브랜드를 선택하거나 쇼피에 브랜드 등록할 수도 있으며 브랜드가 없을 경우 "No brand"를 선택하여 등록할 수 있습니다. 상품의 속성을 입력할 경우 상품 노출에 영향을 주니 최대한 많은 정보를 입력하는 것이 좋습니다.

5 Sales Information은 상품 판매 가격, 판매할 수량, 상품 옵션(Variations), 도매 판매 가격 등을 입력합니다. 상품 옵션(Variations)은 "2-2. 옵션(Variations) 상품 등록하기"에서 설명하도록 하겠습니다.

7 Price: 상품의 개당 판매가를 입력합니다.

8 Stock: 이 상품을 판매할 수량을 입력합니다.

9 Wholesale: 대량 구매 시의 수량과 금액을 입력할 수 있습니다.

6 Shipping 및 Others 정보를 입력합니다.

10 Weight: 상품 포장을 완료한 배송 무게를 입력합니다.

11 Parcel Size: 상품 포장을 완료한 배송 사이즈를 입력합니다.

12 Shipping Fee: 쇼피에서 지원하는 배송 옵션 "Standard Express – Korea (max 30kg)"를 활성화합니다. 이 배송 설정은 등록하는 이 상품에만 적용되며 표시된 배송료는 기본요금이고 구매자 및 판매자 위치에 따라 변경될 수 있습니다.

13 Pre-Order: 예약 주문 상품인지를 선택합니다. "No"를 선택 시 영업일 기준 2일 이내에 발송하겠다는 것으로 공휴일 및 택배 휴무일은 제외됩니다.

⓮ Condition: 새 상품인지 중고 상품인지를 선택합니다.

⓯ Parent SKU: 등록하는 상품의 관리 코드를 입력합니다. 미 입력 시 쇼피에서 자동으로 SKU를 부여하며 옵션(Variations) 상품 등록 시 상위 관리 코드로 등록됩니다.

⓰ 모든 정보를 입력하였다면 [Save and Publish]를 클릭하여 상품을 등록합니다.

7 등록한 상품이 [Product] – [My Products]에 표시되며 수정 및 삭제 등을 관리할 수 있습니다.

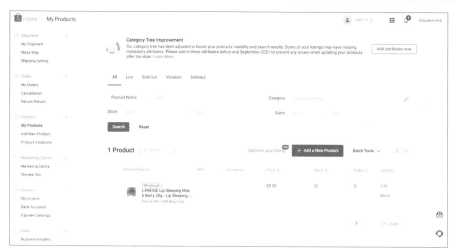

8 최종적으로 단일 상품이 쇼피에 등록된 화면입니다.

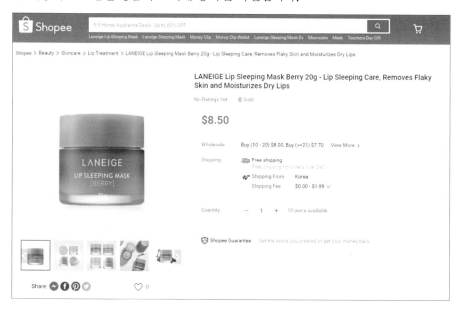

2-2 옵션(Variations) 상품 등록하기

옵션(Variations) 상품은 색상, 사이즈 등을 선택하여 구매할 수 있게 옵션 값을 입력하여 등록하는 상품 등록 방식입니다. 상품을 등록하는 방식은 앞서 설명한 단일 상품 등록과 같으며 단지 옵션(Variations) 값을 입력하는 부분만 차이가 있습니다. 그럼 옵션 값 입력하는 방법에 대해 알아 보도록 하겠습니다.

1 앞서 단일 상품 등록에서 설명한 것 같이 [Add New Product]을 클릭 후 등록할 카테고리 등을 선택 후에 "Sales Information" 란의 [Variations] – [Enable Variations]를 클릭합니다. [Enable Variations]을 클릭하면 다음과 같이 옵션(Variations)을 입력할 수 있는 란이 생성됩니다.

❶ Variations 1은 첫 번째 선택 옵션을 입력하는 란으로 'Name'은 옵션 명을 입력하고 'Options'은 옵션 값을 입력합니다.

❷ Variations 2는 두 번째 선택 옵션을 입력하는 란으로 예제와 같이 'SIZE' 선택이 필요한 경우에 입력합니다.

2 앞서서 입력한 옵션 명 및 옵션 값이 아래 이미지와 같이 표시되며 각 옵션 값들의 판매 가격, 판매 수량 등을 입력할 수 있습니다.

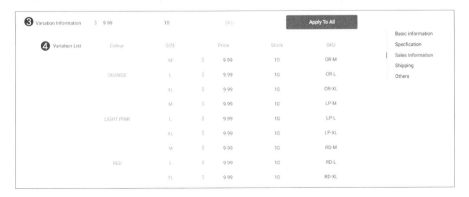

❸ Variation Information: 옵션 값의 판매 가격, 판매 수량, SKU 등을 입력 후 [Apply To All]을 클릭하면 옵션 값에 판매 가격, 판매 수량 등이 한 번에 입력됩니다.

❹ Variation List: 앞서 설명한 옵션 값이 표시되며 판매 가격, 판매 수량, SKU 등을 직접 입력할 수 있습니다.

3 대량 판매 정보와 옵션 별 이미지를 등록합니다.

❺ Wholesale: 대량 구매 시의 수량과 가격을 입력합니다.

❻ Variation 1: 각 옵션의 대표 이미지를 옵션 별로 등록할 수 있습니다. 옵션 이미지를 입력하면 쇼핑객이 상품 옵션을 선택할 경우 등록한 옵션 별 이미지가 자동으로 표시됩니다.

4 최종 상품 등록을 완료하고 나면 아래 이미지와 같이 옵션 값을 선택할 수 있는 상품이 등록됩니다.

02 엑셀을 통한 대량 상품 등록하기

이번 장에서는 개별로 상품을 등록하는 것이 아닌 엑셀을 통한 대량 상품 등록에 대해 설명하겠습니다. 엑셀을 통한 상품 등록 시 상품 이미지와 상품 속성을 별도로 등록해야 한다는 점을 꼭 주의하시기 바랍니다.

1 _ 엑셀 템플릿 다운로드하기

엑셀을 통해 상품을 등록하기 위해서는 우선 엑셀 템플릿을 다운로드하는 것입니다. 그럼, 엑셀 템플릿 다운로드 방법에 대해 알아보겠습니다.

1 Seller Centre에 로그인 후 [Product] – [My Product]를 클릭 후 [Batch Tools] – [Mass Upload]를 클릭합니다.

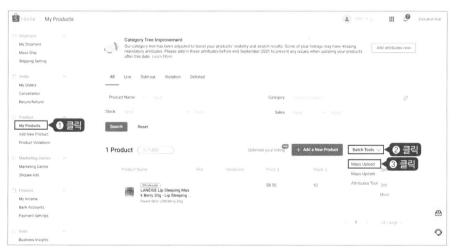

② "Mass Upload"에서 [Download Template] – [Download]를 클릭하여 엑셀 템플릿을 다운로드합니다.

③ 다운로드한 엑셀 템플릿을 열어 본 화면입니다. 입력해야 하는 필드가 많으니 세부적인 내용을 확인 후 작성하기 바랍니다.

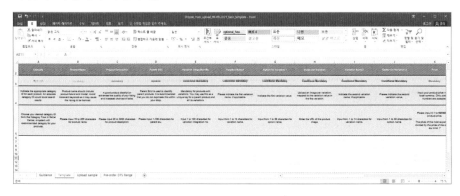

2 _ 상품 정보 작성하기

엑셀 템플릿을 작성하기 전에 우선 알아야 하는 것이 카테고리 ID와 상품 속성(Attributes)에 대해 알고 있어야 내용을 작성하고 업로드할 수 있습니다. 쇼피의 Product Category Guide(https://seller.shopee.sg/edu/category-guide)를 참고하시면 자세히 알 수 있으니 참조하여 엑셀 템플릿을 작성해 보도록 하겠습니다.

2-1 카테고리 ID 및 상품 속성 확인하기

1 Seller Centre에 로그인 후 [Product] - [My Product] - [Batch Tools] - [Mass Upload]를 클릭후 "Download Template"에서 [Check how to set category and attribute. View]를 클릭합니다.

2 Product Category Guide (https://seller.shopee.sg/edu/category-guide)에 접속 후 검색 바에 등록할 상품의 키워드를 입력하여 검색하면 다음 이미지와 같이 관련 카테고리와 카테고리 ID를 확인하실수 있습니다. 상품 속성을 확인하기 위해 [View Details]을 클릭합니다.

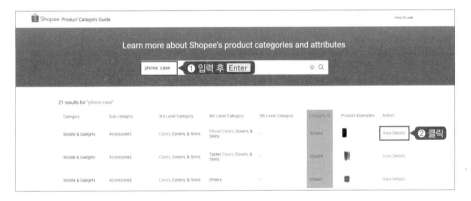

3 "Related Attributes"에서 상품의 속성 및 Type 등을 확인하실 수 있습니다. 본 내용을 확인 후 엑셀 템플릿을 통한 대량 등록 후 상품 속성을 입력하여야 합니다.

2-2 엑셀 템플릿 작성

다운로드한 엑셀 템플릿에 대량 등록을 위한 상품 정보를 입력합니다. 상품 정보 입력은 단일 상품과 옵션 상품 두 가지를 모두 입력할 수 있습니다.

❶ 엑셀 템플릿을 열어 각 셀에 필요한 내용을 입력합니다. "Mandatory"은 필수 입력 사항으로 꼭 입력하여야 하며 메인 이미지 및 서브 이미지, 옵션 별 메인 이미지는 파일 업로드 후에 등록할 수 있으니 이미지 URL을 입력하지 않아도 괜찮습니다. 단일 상품 작성 방법과 옵션 상품 작성 방법은 "Variation Integration No", "Variation Name", "Option for Variation"의 입력 유무에 대한 차이이니 단일 상품에서는 작성하지 마시고 비워 두시기 바랍니다. 입력해야 하는 셀은 ❶~㉑번까지의 셀이며 예제 이미지는 옵션 상품을 등록한 이미지입니다.

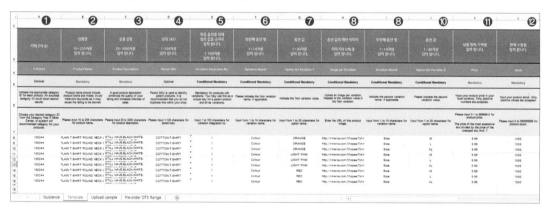

❶ Product Category Guide에서 확인한 카테고리 ID를 입력합니다.

❷ 상품명을 10~255자 이내로 입력합니다.

❸ 상품 설명을 20~3000자 이내로 입력합니다.

❹ 등록하는 상품의 상위 SKU (상품 관리 코드)를 1-100자 이내로 입력합니다.

❺ 옵션 상품 등록 시 상품 묶음을 위해 임의 값을 숫자로 1-100자 이내로 입력합니다.

❻ 첫 번째 옵션 명을 1~14자 이내로 입력합니다. (예 Colour)

❼ 첫 번째 옵션 값을 1~30자 이내로 입력합니다. (예 ORANGE, LIGHT PINK, RED)

❽ 첫 번째 옵션 값의 메인 이미지 URL을 입력합니다. (이미지 호스팅을 사용할 경우 호스팅에 미리 이미지를 업로드하고 이미지 URL을 입력하셔도 됩니다. 추후 엑셀 템플릿 업로드 후 별도로 등록 가능합니다.)

❾ 두 번째 옵션 명을 1~14자 이내로 입력합니다. (예 Size)

❿ 두 번째 옵션 값을 1~30자 이내로 입력합니다. (예 M, L, XL)

⓫ 상품 판매 가격을 입력합니다.

⓬ 판매 수량을 입력합니다.

② 상품의 무게, 사이즈 등의 정보를 입력합니다.

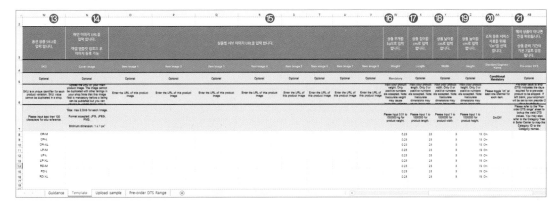

⑬ 옵션 상품별 SKU (상품 관리 코드)를 입력합니다.

⑭ 상품의 메인 이미지 URL을 입력합니다. 엑셀 템플릿 업로드 후 이미지 등록 가능하니 비워 두셔도 괜찮습니다.

⑮ 상품별 서브 이미지 URL을 입력합니다. 엑셀 템플릿 업로드 후 이미지 등록 가능하니 비워 두셔도 괜찮습니다.

⑯ 상품 무게를 kg으로 입력합니다.

⑰ 상품 길이를 cm로 입력합니다.

⑱ 상품 넓이를 cm로 입력합니다.

⑲ 상품 높이를 cm로 입력합니다.

⑳ 쇼피 물류 서비스 사용을 위해 "On"을 선택합니다.

㉑ 예약 상품이 아니면 칸을 비워둡니다. 상품 준비 기간은 기본 2일로 설정됩니다.

3 _ 엑셀 템플릿 업로드하기

작성한 엑셀 템플릿을 쇼피 Seller Centre에 업로드하도록 하겠습니다. 엑셀 템플릿에 에러 사항이 있을 경우 에러 내용을 확인 후 수정하여 다시 등록하시기 바랍니다.

① Seller Centre에 로그인 후 [Product] – [My Product] – [Batch Tools] – [Mass Upload]를 클릭합니다.

❷ "Upload File" 페이지에서 [Select File]을 클릭하여 작성한 엑셀 템플릿을 선택하여 업로드합니다.

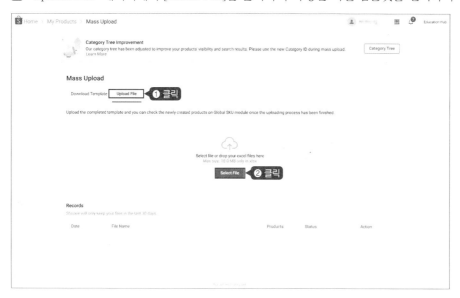

❸ 업로드한 엑셀 템플릿에 에러 사항이 없으면 즉시 업로드가 완료되어 "Succeeded"가 표시됩니다.

4 _ 상품 속성 등록하기

엑셀 템플릿의 업로드가 완료되었다고 해서 상품 등록이 완료된 것은 아닙니다. 업로드한 상품의 상품 속성을 등록해야 상품 노출을 늘릴 수 있으니 입력할 수 있는 부분에 대해서는 최대한 많이 입력하는 것이 좋습니다. 그럼, 상품 속성 입력 방법에 대해 알아보겠습니다.

1 "Upload File" 페이지 하단에 [Mass Update Attributes]를 클릭합니다.

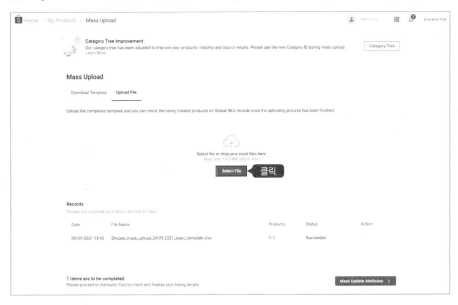

2 아래 이미지와 같이 "Unpublished items" 페이지 부분에 나타난 상품 속성을 입력합니다. "＊" 표시는 필수 입력 사항이니 반드시 입력합니다.

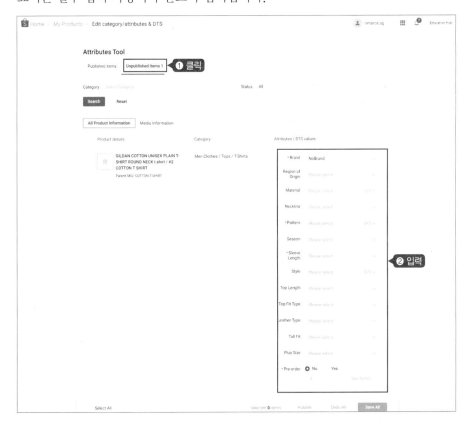

5 _ 상품 이미지 업로드하기

앞서 상품 속성을 등록하였다면 이번에는 상품의 메인 이미지, 서브 이미지, 옵션 별 이미지를 등록하겠습니다.

1 업로드 된 상품의 이미지 모양을 클릭합니다.

2 "Upload Media Information"에서 상품의 메인 이미지, 서브 이미지, 옵션 별 이미지를 등록합니다.

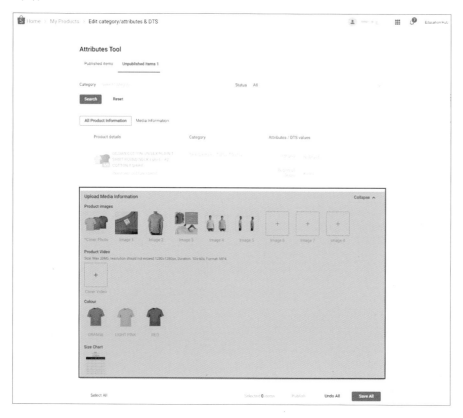

6 _ 상품 등록 완료하기

상품 속성과 상품 이미지 등록이 완료되었다면 상품을 저장하고 게시를 해야 합니다. 최종 게시 후
에는 10분 정도 후에 "My Products" 페이지에서 등록한 상품을 확인하실 수 있습니다.

1 상품 속성 및 상품 이미지 등록이 완료되었다면 하단의 [Save All] 버튼을 클릭합니다. 상품을 저
장할 것인지 물어보는 팝업 창이 나타나면 [Confirm]을 클릭하여 최종 저장합니다.

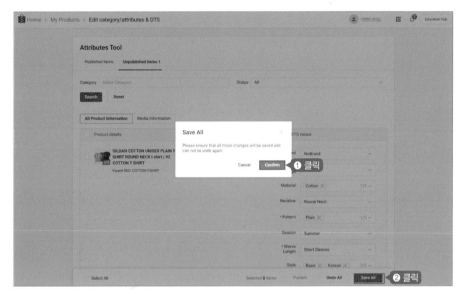

2 저장된 상품 앞의 선택 박스를 체크 후 [Publish] 버튼을 클릭하여 상품을 등록합니다.

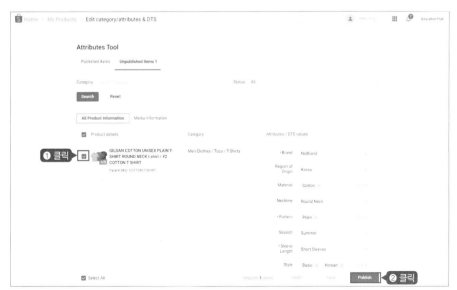

❸ 1개의 상품을 등록할 것인지 물어보는 팝업 창이 나타나면 [Publish] 버튼을 클릭하여 상품을 최종 등록합니다.

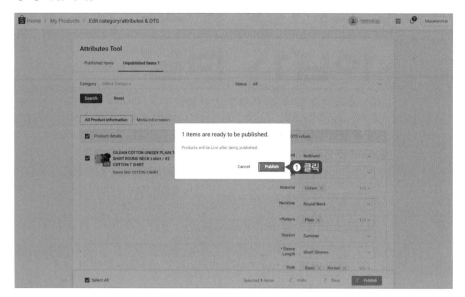

❹ Seller Centre의 [Product] – [My Product] 페이지에 최종 등록한 상품이 표시되며 상품 정보 업데이트 중이라는 표시가 나타납니다.

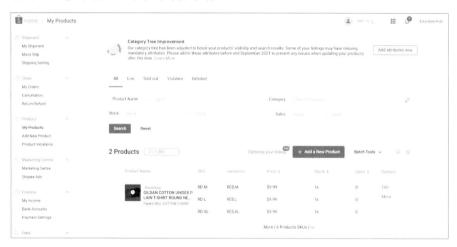

5 약 5분 후 최종 상품 등록이 완료된 것을 확인하실 수 있으며 [More] – [Live Preview]를 클릭하면 등록한 상품을 확인하실 수 있습니다.

6 최종적으로 상품이 등록된 화면입니다. 설정한 옵션들이 모두 표시된 것을 확인하실 수 있습니다.

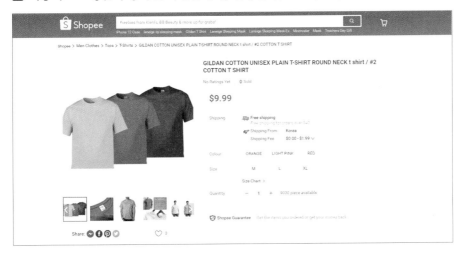

03 상품 관리하기

쇼피에서 판매를 하다 보면 상품을 수정하거나 판매 수량 업데이트, 일시 품절 등 상품을 관리하고 주문이 들어온 경우 쇼피 물류센터로 발송하여 배송 처리를 해야 하고 판매 대금 정산을 받아 인출도 진행해야 합니다. 이번 Chapter 에서는 쇼피 운영 및 관리에 대하여 알아보겠습니다.

1 _ 상품 수정하기

단일 상품 등록 또는 옵션 상품으로 등록한 경우 잘 못 등록한 내용이 있다면 상품을 수정하여야 하고 판매 수량을 업데이트해야 할 경우들이 발생합니다. 상품 수정 적용 시간은 업데이트 즉시 처리되나 간혹 약 10분 정도 후에 반영되는 경우도 있으니 운영하는 상품에 대해 미리 확인하는 것이 좋습니다.

1 Seller Centre에 로그인 후 좌측 메뉴 중 [Product] – [My Product]을 클릭합니다.

2 수정할 상품의 오른쪽 [Edit] 버튼을 클릭합니다.

3 수정할 내용을 입력 후 하단의 [Update]를 클릭하면 상품 수정이 완료됩니다.

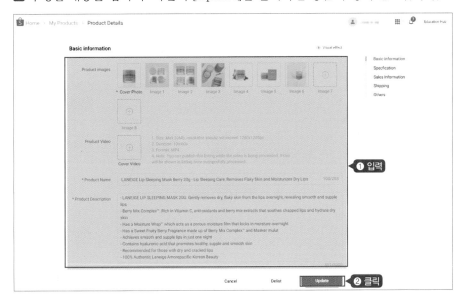

2 _ 수량 및 가격 수정하기

단일 상품 또는 옵션 상품의 경우 판매를 진행하다 보면 가격 또는 판매 수량을 수정해야 할 경우가 있습니다. 판매 가격은 "Chapter 03의 1-5. Misleading Discount"에서 설명한 것 같이 최초 등록된 판매 가격에서 10% 이상의 가격 인상할 수 없다는 점을 명심해야 합니다.

1 Seller Centre에 로그인 후 좌측 메뉴 중 [Product] - [My Product]을 클릭 후 수정할 상품의 오른쪽 [Edit] 버튼을 클릭합니다.

2 "Sales Information"에서 수정할 판매 가격과 수량을 입력 후 하단의 [Update]를 클릭하면 수정이 완료됩니다.

3 _ 상품 일시 품절 및 삭제하기

상품을 판매하다 보면 상품을 일시 품절 처리해야 하는 상황도 발생하고 판매할 재고가 없어 상품을 완전히 삭제해야 하는 상황도 발생할 수 있습니다. 이럴 경우에는 [My Products]에서 품절 및 삭제할 수 있습니다. 그럼, 자세히 알아보도록 하겠습니다.

3-1 상품 일시 품절하기

판매할 재고를 보유하고 있지 않고 주문이 들어오면 쿠팡 등 온라인을 통해 구매하여 발송하는 판매자인 경우 상품 일시 품절에 대해서는 필수로 알고 있어야 합니다. 일시 품절하는 방법은 다음과 같습니다.

1 Seller Centre에 로그인 후 좌측 메뉴 중 [Product] - [My Product]을 클릭 후 [Edit] 버튼을 클릭합니다.

2 "Sales Information"에서 일시 품절할 상품의 판매 수량(Stock)을 "0"으로 표시 처리합니다. 저자의 경우 옵션 상품을 예제로 설명하였습니다. 여러 개의 옵션이 있는 상품이므로 판매 수량을 "Variation Information"에서 수량을 "0"으로 표시 후 전체 적용을 위해 [Apply To All]을 클릭합니다. 판매 수량이 "0"으로 수정되었으면 [Update] 버튼을 클릭합니다.

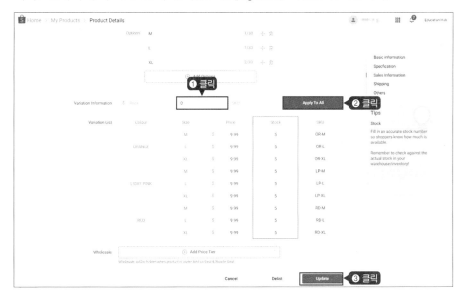

❸ 일시 품절 처리한 상품의 판매 수량(Stock)이 "Sold out"으로 표시되면 상품 노출이 정지되고 쇼핑객이 주문을 할 수 없는 상태로 변경됩니다.

3-2 상품 삭제하기

상품을 완전히 삭제하는 방법은 Seller Centre에 로그인 후 좌측 메뉴 중 [Product] – [My Product]을 클릭 후 [Delist]를 클릭하면 상품은 완전히 삭제됩니다.

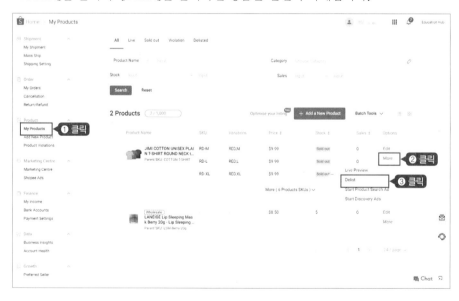

실수로 상품을 삭제한 경우

간혹, My Products 페이지에서 상품을 잘못 삭제하는 경우가 발생할 수 있습니다. 이럴 경우에는 아래 이미지와 같이 My Products 페이지의 [Delisted] 탭을 클릭하면 삭제하였던 상품을 확인할 수 있으며 상품 우측 메뉴 중 [More] – [Publish]를 클릭하면 삭제하였던 상품을 다시 등록할 수 있습니다.

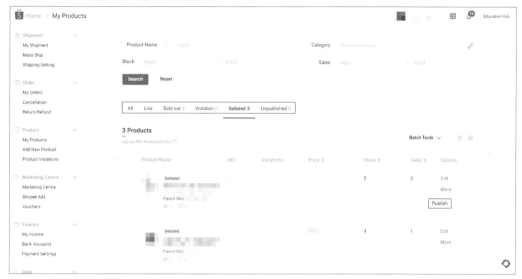

Shopee

Shopee

광고 및 홍보하기

01 프로모션을 통한 판매 증대 (Boost Sales with Promotin)

쇼피에는 판매를 증대하기 위한 여러 가지 마케팅 도구들이 많이 있습니다. 판매자가 진행할 수 있는 프로모션도 있고 키워드 광고 형태도 있으며 쇼피에서 진행하는 공식 이벤트 등도 있습니다. 그중 아래 이미지와 같이 프로모션을 통해 판매를 증대할 수 있는 마케팅 도구에 대해 설명하겠습니다.

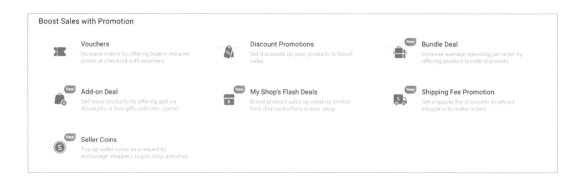

1 _ 바우처(Vouchers)

바우처(Voucher)는 쇼핑객이 판매자의 샵에서 일정 금액 이상을 구매해야 할인을 받을 수 있는 형태의 할인 쿠폰으로 판매자 샵 내의 모든 상품에 적용되는 샵 바우처(Shop Voucher)와 판매자의 특정 상품에만 적용되는 제품 바우처(Product Voucher)로 나누어져 있습니다. 그중 판매자가 가장 많이 사용하는 것이 샵 바우처(Shop Voucher)입니다. 그럼, 바우처에 대한 설명과 발행 방법에 대해 알아보겠습니다.

1-1 샵 바우처(Shop Voucher)

샵 바우처(Shop Voucher)는 판매자 샵 내 모든 상품에 적용되는 바우처로 샵 페이지와 상품 디테일 페이지에서 확인하실 수 있습니다.

◆ 판매자 샵에서 확인한 샵 바우처(Shop Voucher)

◆ 상품 디테일 페이지에서 확인한 샵 바우처(Shop Voucher)

샵 바우처(Shop Voucher)를 설정하는 방법은 다음과 같습니다.

1 Seller Centre에 로그인 후 [Marketing Centre]-[Marketing Centre]-[Vouchers]를 클릭합니다.

2 "Vouchers" 페이지에서 [Create]를 클릭합니다.

3 "Create New Voucher" 페이지에서 "Basic Information" 부분의 정보를 입력합니다.

❶ Voucher Type에서 [Shop Voucher]를 선택합니다.

❷ 관리에 사용할 Voucher Name를 입력합니다. 입력한 바우처 이름은 구매자에게 표시되지 않습니다.

❸ Voucher Code는 첫 4글자는 판매자 이름이 기본으로 설정되고 뒤에 사용할 코드 네임을 A–Z, 0–9 중 최대 5자를 입력합니다.

❹ Voucher Claim Period에서 시작 일자와 종료 일자를 선택합니다.

4 Reward Settings에서 할인 정보를 입력합니다.

❺ Reward Type은 "Discount(할인)"와 "Coins Cashback(코인 캐시백)" 두 종류가 있습니다.

- Discount(할인): 일정 금액을 할인해 주는 형태의 Reward입니다.

- Coins Cashback(코인 캐시백): 판매자가 설정한 %만큼의 Shopee 코인을 지급해 주는 형태의 Reward
입니다.

- 코인 캐시백은 고객이 코인 캐시백 바우처를 사용하면 그 대가로 판매자가 설정할 %만큼의 Shopee
코인을 받게 되는데 코인 비용은 판매자가 부담합니다. 아래 이미지같이 [No Limit]를 설정하면 제한 없
이 코인을 지급받는 형태로 "최소 장바구니 가격(Minimum Basket Price)"을 설정하여 최소 금액을 제한
할 수 있습니다.

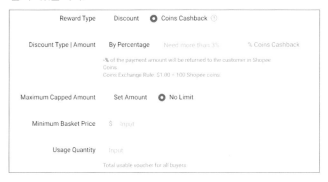

- "최대한도 금액(Maximum Capped Amount)"에서 [Set Amount]를 예를 들어 $30로 설정하면 Shopee
코인 3000개를 발생하는 것과 같습니다.

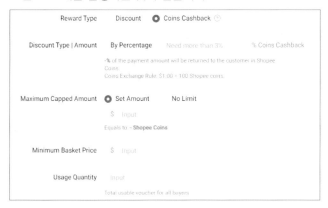

❻ Shopee Smart Voucher 시스템을 활성화하면 판매자와 유사한 판매자의 과거 데이터를 기반으로 제안된
바우처 설정을 제공합니다.

❼ Discount Type | Amount는 "고정 금액(Fix Amount)"와 "할인율(By Percentage)" 등의 두 가지 타입을 선
택할 수 있습니다.

- "고정 금액(Fix Amount)"으로 선택 시 고정 할인 금액을 설정합니다.

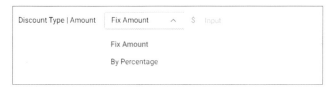

- "할인율(By Percentage)"으로 선택 시 할인율을 설정합니다. "최대한도 금액(Maximum Capped Amount)"을 [Set Amount]으로 설정하면 최대한도 금액을 설정하는 것입니다.

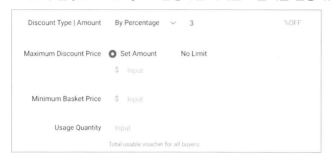

- "최대한도 금액(Maximum Capped Amount)"을 [No Limit]로 설정하면 금액 제한을 두지 않는 형태를 말합니다.

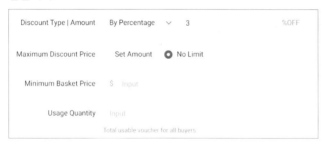

❽ "최소 장바구니 가격(Minimum Basket Price)"은 최소 구매 금액을 설정하여 바우처 사용을 제한할 수 있습니다.

❾ Usage Quantity은 몇 명의 구매자에게 발생할 것인지를 설정하는 란입니다.

⑤ Voucher Display & Applicable Products (바우처 전시 및 적용 상품)을 설정합니다. "Product Voucher"인 경우에만 "Applicable Products"에서 상품을 별도로 설정할 수 있습니다. 샵 바우처 (Shop Voucher)의 경우에는 전체 상품(All products)가 자동으로 설정됩니다.

❿ Voucher Display Setting 영역에서 샵 바우처(Shop Voucher)를 노출시킬 위치를 설정합니다.

⓫ 모든 설정이 완료되었다면 [Confirm]을 클릭하여 바우처를 저장합니다.

6 새로운 바우처가 생성되었다는 팝업 메시지가 표시되고 잠시 후 자동으로 Voucher 페이지로 이동합니다.

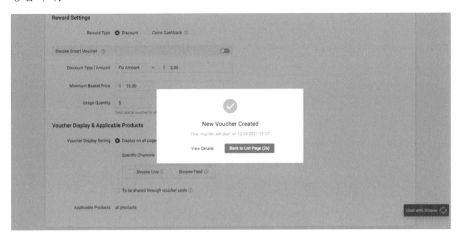

7 Voucher 페이지에서 새로 발행한 샵 바우처(Shop Voucher) 내용을 확인하실 수 있습니다.

8 샵 바우처(Shop Voucher) 관리는 새로 생성된 바우처 오른쪽 메뉴를 통해 관리할 수 있습니다.

❶ Edit: 바우처(Voucher)를 수정/관리할 수 있는 메뉴입니다.

❷ Duplicate: 바우처를 복사할 수 있는 메뉴입니다.

❸ Orders: 현 바우처를 통해 들어온 주문 내역을 확인하실 수 있는 메뉴입니다.

❹ End: 바우처를 종료할 수 있는 메뉴입니다.

1-2 제품 바우처(Product Voucher)

제품 바우처(Product Voucher)는 판매자의 상품 중 특정 상품에만 사용할 수 있게 발행하는 바우처입니다. 모든 설정은 샵 바우처(Shop Voucher)와 비슷하나 Voucher Type 설정과 Applicable Products 영역에서 특정 상품을 선택하는 것에 차이가 있습니다. 제품 바우처(Product Voucher)는 샵 바우처(Shop Voucher)와 달리 특정한 곳에 노출되지 않는 바우처로 판매자가 특정 고객에게 할인을 적용하고 싶은 경우 사용하는 바우처로 제품 바우처(Product Voucher)를 받은 특정 고객만을 위한 할인 프로모션이라고 생각합니다.

1 제품 바우처(Product Voucher)의 Voucher Type은 [Product Voucher]를 선택합니다.

2 Applicable Products에서 바우처를 적용할 상품을 선택하기 위해 [Add Products]를 클릭합니다.

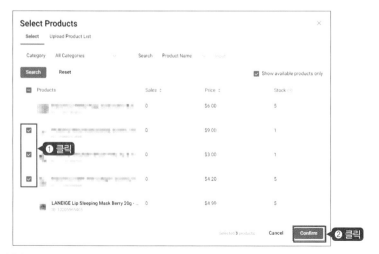

3 상품 선택 팝업 창에서 바우처를 적용할 상품의 체크 박스에 체크 후 [Confirm]을 클릭한 후 최종 바우처를 저장하면 제품 바우처(Product Voucher)를 생성할 수 있습니다.

2 _ 할인 프로모션(Discount Promotions)

할인 프로모션(Discount Promotions)은 고객 유입을 높이기 위해 판매자가 상품을 선택하여 지정한 기간 동안 할인을 진행하는 프로모션으로 아래 이미지와 같이 상품 이미지 상단에 노란색 할인 라벨이 표시되므로 고객의 유입을 높일 수 있습니다.

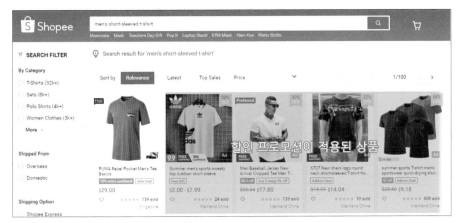

◆ 상품 리스트에 표시된 할인 프로모션(Discount Promotions)

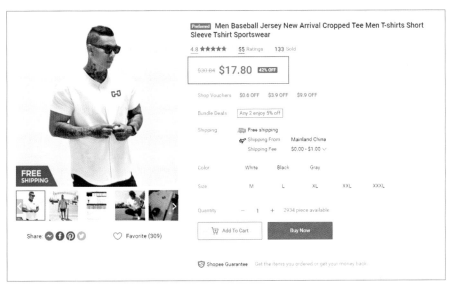

◆ 상품 디테일 페이지에 표시된 할인 프로모션(Discount Promotions)

할인 프로모션(Discount Promotions)을 설정하는 방법은 다음과 같습니다.

1 Seller Centre에 로그인 후 [Marketing Centre] – [Marketing Centre] – [Discount Promotions]를 클릭합니다.

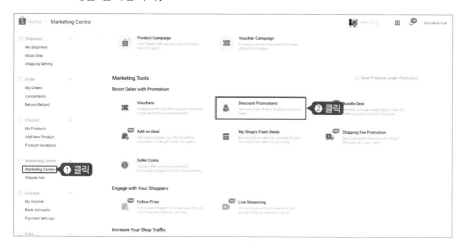

2 Discount Promotions 페이지에서 새로운 할인 프로모션 생성을 위해 [Create]를 클릭합니다.

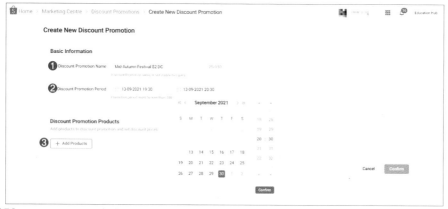

3 할인 내용과 할인 기간, 할인 상품을 선택합니다.

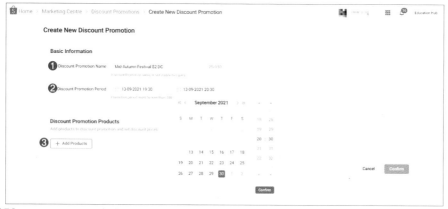

❶ Discount Promotion Name: 관리할 프로모션 이름을 설정합니다. 프로모션 이름은 어디에도 노출되지 않습니다.

❷ Discount Promotion Period: 프로모션 시작 일자와 종료 일자를 설정합니다.

❸ 할인할 상품 선택을 위해 [Add Products]를 클릭합니다.

4 Select Products에서 할인할 상품을 선택 후 [Confirm]를 클릭합니다.

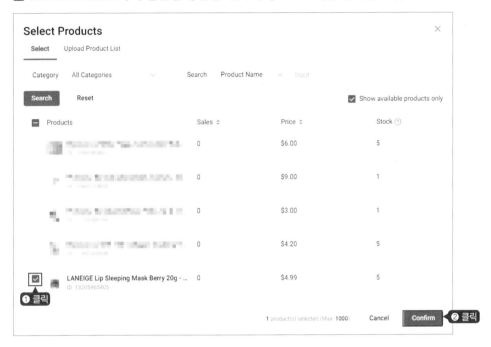

5 선택된 상품의 할인 및 리밋 사항을 선택 후 [Confirm]를 클릭합니다.

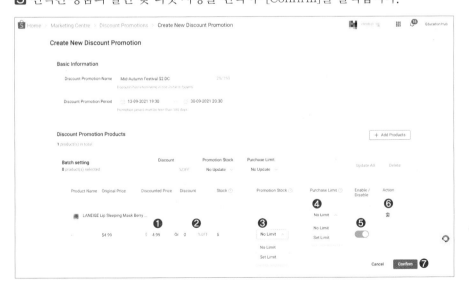

❶ Discounted Price에 할인 금액을 입력합니다.

❷ Discount에 Discounted Price에서 입력한 할인 금액의 퍼센테이지가 표시됩니다.

❸ Promotion Stock은 "No Limit"와 "Set Limit" 중 선택할 수 있는데 "No Limit"을 선택 시 수량에 상관없이 재고 수량만큼 할인이 적용되며 "Set Limit"을 선택 시 할인 적용 수량을 제한할 수 있습니다.

❹ Purchase Limit은 할인 프로모션 기간 동안 구매자가 각 품목을 구매할 수 있는 최대 수량을 제한할 수 있습니다. "No Limit"와 "Set Limit" 중 선택할 수 있는데 "No Limit"은 수량을 제한하지 않는 것이고 "Set Limit"은 수량을 제한하는 것입니다.

❺ Enable / Disable은 적용한 할인 프로모션을 활성화/비활성화할 수 있는 메뉴입니다.

❻ Action의 휴지통 모양으로 할인 프로모션을 삭제할 수 있습니다.

❼ 모든 설정이 완료되었으면 [Confirm]를 클릭합니다.

▣ 할인 프로모션이 설정되었다면 팝업 창이 표시되며 5초 후에 자동으로 Discount Promotion 페이지로 넘어갑니다.

▣ Discount Promotion 페이지에서 설정된 프로모션을 수정, 복사, 삭제 등을 할 수 있습니다.

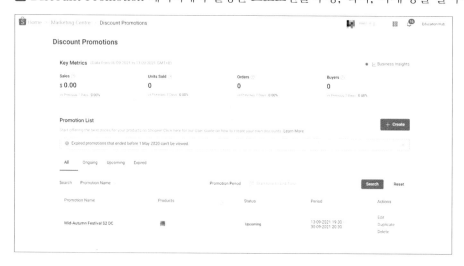

3 _ 번들 딜(Bundle Deal)

번들 딜(Bundle Deal)은 판매자가 설정한 수량만큼 구매할 경우 몇 퍼센트 또는 금액으로 할인을 해 주는 프로모션으로 한 번에 여러 개를 구매할 수 있게 유도하는 마케팅 툴입니다. 번들 딜(Bundle Deal)은 아래 이미지와 같이 상품 리스트 페이지에서 표시되며 상품 디테일 페이지에서도 표시됩니다. 번들 딜(Bundle Deal)은 최대 1,000개의 상품을 선택할 수 있으며 최장 3개월까지 진행할 수 있습니다.

◆ 상품 리스트에 표시된 번들 딜(Bundle Deal)

◆ 상품 디테일 페이지에 표시된 번들 딜(Bundle Deal)

번들 딜(Bundle Deal) 설정 방법은 다음과 같습니다.

1 Seller Centre에 로그인 후 [Marketing Centre]-[Marketing Centre]-[Bundle Deal]을 클릭합니다.

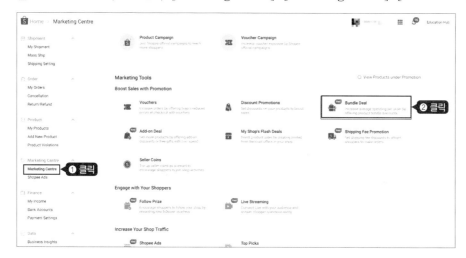

2 Bundle Deal 페이지에서 새로운 번들 딜 생성을 위해 [Create]를 클릭합니다.

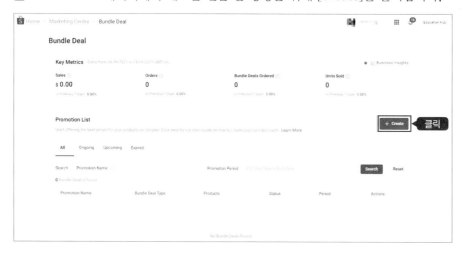

3 Create New Bundle Deal 페이지에서 할인 정보를 입력합니다.

❶ Bundle Deal Name에 번들 딜 관리 명칭을 입력합니다. 이 명칭은 고객들에게 노출되지 않습니다.

❷ Bundle Deal Period에서 시작 일자와 종료 일자를 선택합니다.

❸ Bundle Deal Type은 총 3가지 할인 형태로 나누어져 있습니다.

- Percentage off는 낮은 금액의 상품에 적합한 방식으로 아래 예제 이미지와 같이 "3개 구매 시 10% 할인" 형태로 진행할 수 있습니다.

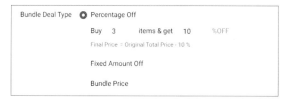

- Fixed Amount off는 판매 가격이 높은 상품에 유리한 번들 딜 형태로 아래 예제 이미지와 같이 "3개 구매 시 $5 할인" 형태로 진행할 수 있습니다.

- Bundle Price는 연관 상품 판매에 유리한 방식으로 아래 예제 이미지와 같이 판매자의 상품 중 "3개 묶음 구매 시 판매가 $9.99" 형태로 진행할 수 있는 할인 형태입니다.

❹ Purchase Limit은 구매 한도를 설정하는 것으로 구매자가 구매할 수 있는 최대 구매 수를 뜻합니다.

❺ 할인 상품 선택을 위해 [Add Product]을 클릭합니다.

❹ Select Products 팝업 창에서 번들 할인할 상품을 선택 후 [Confirm]를 클릭합니다.

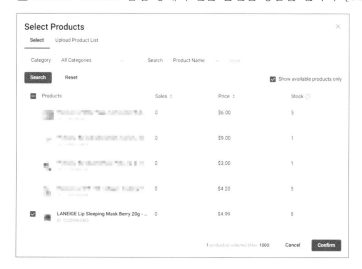

5 상품이 선택되었다면 [Confirm]를 클릭하여 번들 딜을 생성합니다.

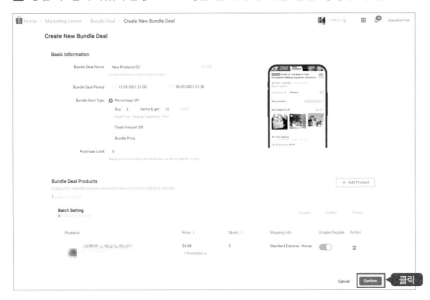

6 Bundle Deal 페이지에서 설정된 프로모션을 수정, 복사, 삭제 등을 할 수 있습니다.

4 _ 애드 온 딜(Add-on Deal)

애드 온 딜(Add-on Deal)은 판매자의 상품 중 특정 상품에 유입 및 판매를 유도할 수 있는 프로모션으로 판매자가 Add-on Deal로 선택한 상품을 구매자가 같이 구매할 경우 할인을 받는 "Add-on Discount"와 일정 금액 이상을 구매할 경우 Gift를 형태로 다른 상품을 받는 "Gift with Min. Spend" 두 가지 형태로 나누어져 있습니다. 애드 온 딜(Add-on Deal)은 아래 예제 이미지와 같이 상품 검색 결과 리스트 및 상품 디테일 페이지에서 애드 온 딜(Add-on Deal) 라벨이 표시됩니다.

◆ 상품 리스트에 표시된 애드 온 딜(Add-on Deal)

◆ 상품 디테일 페이지에 표시된 애드 온 딜(Add-on Deal)

애드 온 딜(Add-on Deal)을 설정하는 방법은 다음과 같습니다.

4-1 Add-on Discount 설정하기

1 Seller Centre에 로그인 후 [Marketing Centre] – [Marketing Centre] – [Add-on Deal]을 클릭합니다.

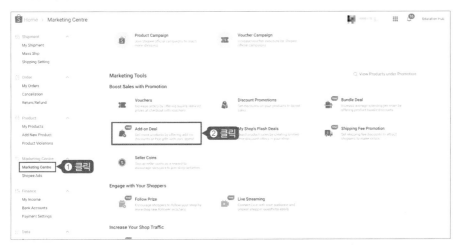

2 Add-on Deal 페이지에서 새로운 애드 온 딜 생성을 위해 [Create]를 클릭합니다.

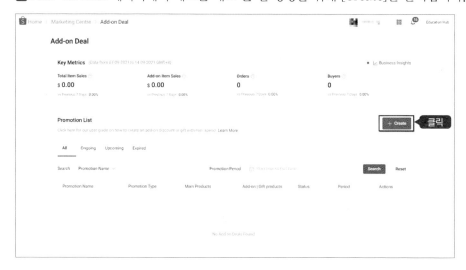

3 Create New Add-on Deal 페이지에서 Basic Information 영역에 할인 정보를 입력합니다.

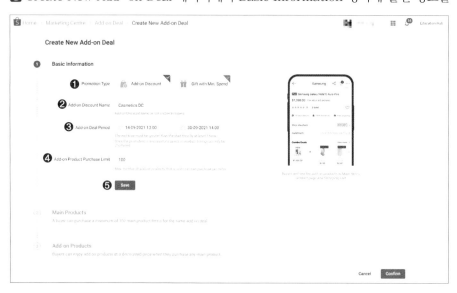

❶ Promotion Type에서 [Add-on Discount]을 선택합니다.

❷ Add-on Discount Name에서 관리 명칭을 입력합니다. 이 관리 명칭은 구매자에게 노출되지 않습니다.

❸ Add-on Deal Period에서 시작 일자와 종료 일자를 선택합니다.

❹ Add-on Product Purchase Limit에서 Add-on Discount를 진행할 수량을 입력합니다.

❺ Basic Information에 할인 정보를 입력하였다면 [Save] 버튼을 클릭합니다.

4 Main Products 영역에서 Add-on Deal을 적용할 상품을 선택하기 위해 [Add Main Products]를 클릭합니다.

5 Select Products 페이지에서 Add-on Deal 적용 상품을 선택 후 [Confirm] 버튼을 클릭합니다.

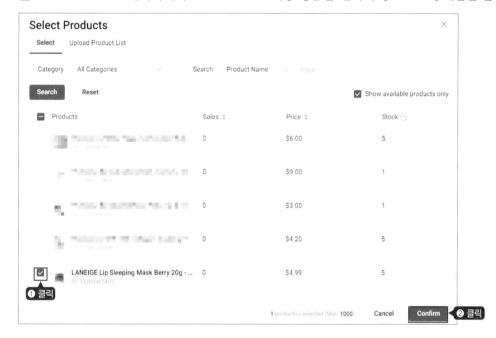

6 Add-on Discount 진행을 위한 Main Products 상품을 선택하였다면 [Save]를 클릭합니다.

7 Add-on Products에서 [Add Add-on Products]를 클릭하여 연관 상품으로 묶음 할인을 진행할 상품을 선택합니다. 이때 연관 상품은 최소 2개 이상을 선택하여야 합니다.

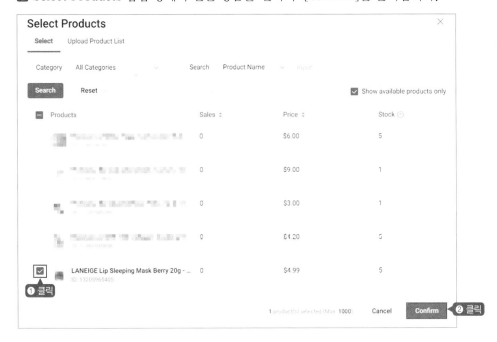

8 Select Products 팝업 창에서 연관 상품을 선택 후 [Confirm]을 클릭합니다.

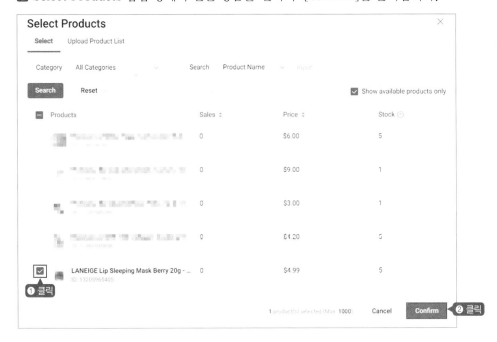

9 선택한 상품의 할인 금액을 입력하면 자동으로 할인율이 적용됩니다. 할인 금액을 입력하였다면 [Save] 버튼을 클릭 후 Add-on Discount 생성을 위해 [Confirm]을 클릭합니다.

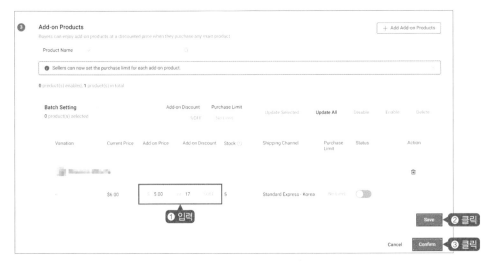

🔟 Add-on Deal 페이지에서 생성한 애드 온 딜(Add-on Deal) 프로모션을 확인하실 수 있으며 수정, 복사, 주문 내역 확인, 종료 등을 할 수 있습니다.

4-2 Gift with Min. Spend 설정하기

Gift with Min. Spend은 판매자가 특정 상품을 설정한 금액만큼을 구매할 경우 Gift 상품으로 설정한 상품 중 원하는 상품을 Gift로 신청할 수 있는 형태의 프로모션으로써 재고 정리할 상품의 경우 Gift 상품으로 정리할 수 있는 프로모션입니다.

◆ 상품 리스트에 표시된 Gift with Min. Spend

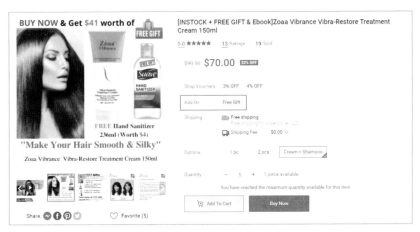

◆ 상품 디테일 페이지에 표시된 Gift with Min. Spend

Gift with Min. Spend을 설정하는 방법은 다음과 같습니다.

■1 Seller Centre에 로그인 후 [Marketing Centre] − [Marketing Centre] − [Add−on Deal]을 클릭 후 Add−on Deal 페이지에서 [Create]를 클릭합니다. Create New Add−on Deal 페이지에서 Gift 할인을 위한 Basic Information에 할인 정보를 입력합니다.

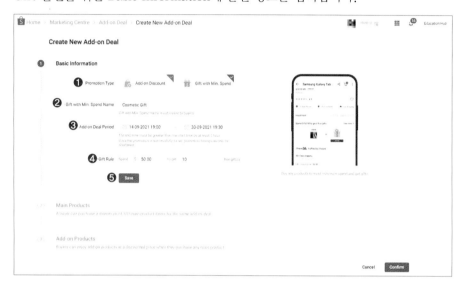

❶ Promotion Type에서 [Gift with Min. Spend]를 선택합니다.

❷ Gift with Min. Spend Name은 관리 명칭을 입력합니다. 이 관리 명칭은 고객들에게 노출되지 않습니다.

❸ Add−on Deal Period에서 시작 일자와 종료 일자를 선택합니다.

❹ Gift Rule에서는 얼마 이상을 구매해야 하는 제한을 걸 수 있습니다. 예제에서는 $50 이상 구매한 고객에게 발행하는 규칙을 10개로 설정하였습니다. 10개로 설정하였다고 해서 구매자마다 10개를 주는 것이 아니라 한 개의 주문 건당 한 번만 Gift를 신청할 수 있습니다.

❺ 할인 규칙을 설정하였다면 [Save] 버튼을 클릭합니다.

■2 Main Products에서 적용할 Main Products 선택을 위해 [Add Main Products]를 클릭합니다.

❸ Select Products 팝업 창에서 진행할 상품을 선택 후 [Confirm]을 클릭합니다. Main Products
은 최대 100개의 상품을 선택할 수 있습니다.

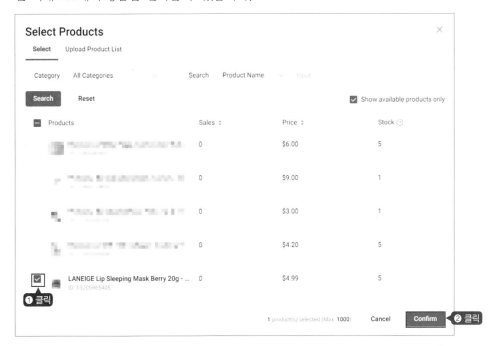

❹ Main Products을 선택하였다면 하단의 [Save] 버튼을 클릭합니다.

❺ Gift Products에서 Gift로 증정할 상품 선택을 위해 [Add Gift Products]를 클릭합니다.

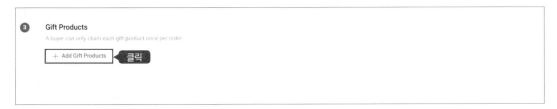

6 Select Products 팝업 창에서 Gift로 증정할 상품을 선택 후 [Confirm]을 클릭합니다. 최소 5개의 상품을 선택하여야 합니다.

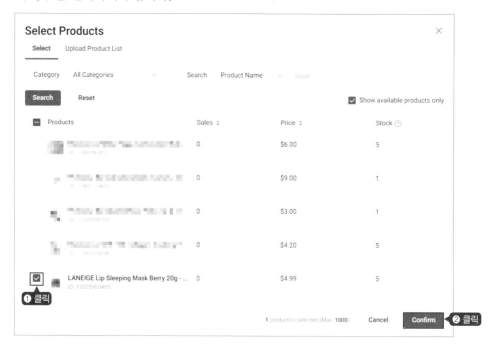

7 Gift로 증정할 상품을 선택하였다면 [Save] 버튼을 클릭 후 최종 제출을 위해 하단의 [confirm] 버튼을 클릭합니다.

8 Add-on Deal 페이지에서 생성한 Gift with Min. Spend 프로모션을 확인하실 수 있으며 수정, 복사, 주문 내역 확인, 종료 등을 할 수 있습니다.

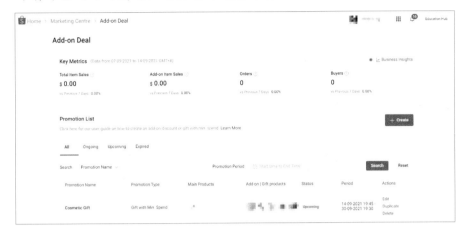

5 _ 마이 샵 플래쉬 딜(My Shop's Flash Deals)

마이 샵 플래쉬 딜(My Shop's Flash Deals)은 쇼피에서 진행하는 Flash Deals와는 다른 형태입니다. Shopee Flash Deals은 쇼피에서 진행하는 공식 플래쉬 이벤트이지만 My Shop's Flash Deals은 판매자가 개별 샵에서 진행하는 할인 프로모션입니다. My Shop's Flash Deals은 판매자의 샵 평가, 평가 수에 따라 생성할 수 있는 자격이 부여됩니다. My Shop's Flash Deals 생성하는 방법에 대해 알아보겠습니다.

1 Seller Centre에 로그인 후 [Marketing Centre] − [Marketing Centre] − [My Shop's Flash Deals]을 클릭합니다.

2 My Shop's Flash Deals 페이지에서 [Create My Shop's Flash Deals Now]를 클릭합니다.

3 Basic Information에서 My Shop's Flash Deals을 시작할 날짜와 시간을 선택합니다.

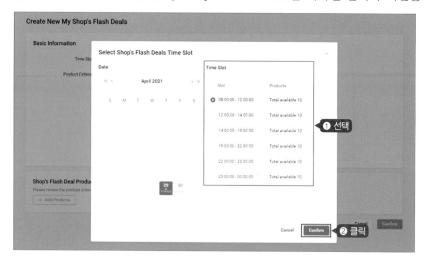

4 날짜와 시간을 설정하였다면 My Shop's Flash Deals 진행할 상품 선택을 위해 [Add Products]을 클릭합니다.

5 Select Products 팝업 창에서 진행할 상품을 선택 후 [Confirm]을 클릭합니다.

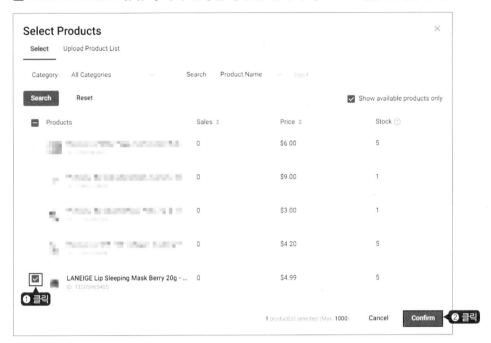

6 진행할 상품의 할인율과 진행 수량을 입력 후 [Confirm]을 클릭합니다.

7 My Shop's Flash Deals 페이지에서 생성한 My Shop's Flash Deals 프로모션을 확인하실 수 있습니다.

6 _ 배송비 프로모션(Shipping Fee Promotion)

Shipping Fee Promotion은 판매자가 지정한 금액만큼 구매자가 구매할 경우 배송비를 무료로 해주는 프로모션으로 주문 건에 대한 실 배송비를 쇼피 지원 없이 모두 부담하는 프로모션이므로 주의해서 사용해야 합니다. 앞서 "Chapter 01 Shopee에 대해 알아보자 – Lesson 03 쇼피 싱가포르 판매자 정책 이해하기 – 1. 쇼피 싱가포르 수수료" 부분에서 설명드린 것 같이 쇼피에서는 판매자에게 SGD $1.99를 배송비로 지원하고 있는 사항이 있기 때문에 이 프로모션을 사용하면 배송비 지원을 받지 않고 배송하는 것과 같아 역마진을 볼 수 있으니 주의하여야 합니다. Shipping Fee Promotion 생성 방법에 대해서는 간단히 설명하겠습니다.

1 Seller Centre에 로그인 후 [Marketing Centre] – [Marketing Centre] – [Shipping Fee Promotion]을 클릭합니다.

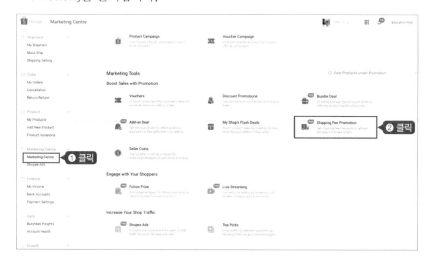

2 Shipping Fee Promotion 페이지에서 새로운 프로모션 생성을 위해 [Create Now]를 클릭합니다.

③ Create New Shipping Fee Promotion에 무료 배송 조건을 입력합니다.

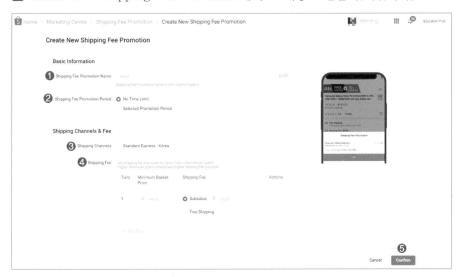

❶ Shipping Fee Promotion Name은 쇼핑객에게 보이지 않으니 관리하는 명칭을 입력합니다.

❷ Shipping Fee Promotion Period은 기간 제한을 두지 않는 "No Time Limit"와 기간을 설명하는 "Selected Promotion Period" 중에서 선택합니다.

❸ Shipping Channels은 기본 배송 설정인 "Standard Express – Korea"을 체크합니다.

❹ Shipping Fee에서는 최소 구매 금액(Minimum Basket Price)을 설정하고 배송비(Shipping Fee)에서 배송비 지원(Subsidize)을 선택할 것인지 무료 배송(Free Shipping)을 선택할 것인지를 결정합니다.

❺ 모든 설정을 완료하였다면 [Confirm]을 클릭하여 Shipping Fee Promotion을 생성하면 완료됩니다.

7 _ 판매자 코인(Seller Coins)

Seller Coins은 쇼피의 Shopee Coins와는 별개로 판매자가 미리 신용카드를 통해 충전했다가 아래 이미지와 같이 Shopee Live Streaming 또는 Shop Games(출시 예정)를 통해 Seller Coins을 쇼핑객에게 줄 수 있습니다. Seller Coins을 받은 쇼핑객은 Seller Coins으로 해당 판매자의 상품을 구매할 수 있기 때문에 더 많은 구매를 유도할 수 있습니다. Seller Coins 충전 방법에 대해 알아보겠습니다.

1 Seller Centre에 로그인 후 [Marketing Centre] − [Marketing Centre] − [Seller Coins]을 클릭합니다.

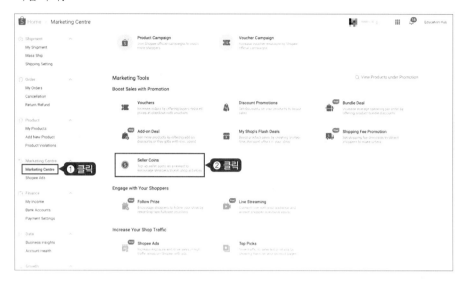

2 Seller Coins 페이지에서 코인 구매를 위해 [Top Up]을 클릭합니다.

3 구매할 코인 수량을 선택 후 [Buy now]를 클릭합니다. 만약 코인 구매 할인 쿠폰이 있다면 Select Voucher에서 [Enter Voucher Code]를 클릭하여 입력합니다.

4 Checkout 페이지에서 신용카드 등록을 위해 [Add new card]를 클릭합니다.

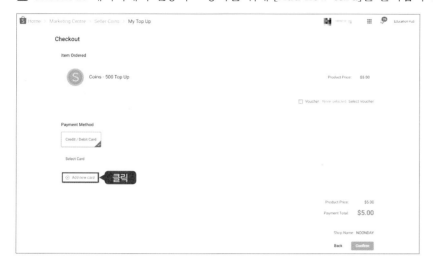

5 신용카드 정보를 입력 후 [Submit] 버튼을 클릭합니다.

6 하단의 [Confirm]을 클릭하면 코인 구매가 완료됩니다. 구매한 코인으로 추후 Live Streaming 을 통해 쇼핑객에게 코인을 지급할 수 있습니다.

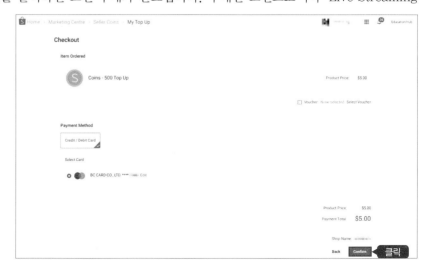

02 쇼핑객과 함께하기(Engage with Your Shoppers)

새로운 팔로워 바우처를 제공하여 쇼핑객이 상점을 팔로우하도록 하는 Follow Prize와 라이브 스트리밍 방송을 통해 상품을 홍보할 수 있는 Shopee LIVE Streaming과 같이 쇼핑객의 참여도를 높이고 충성 고객을 확보하는 데 도움이 되는 마케팅 도구가 있습니다. Follow Prize와 Shopee LIVE Streaming에 대해 알아보겠습니다.

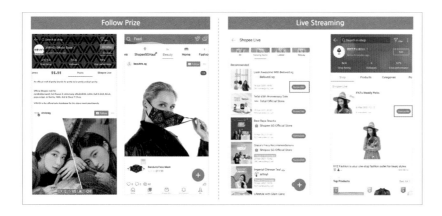

1 _ 팔로우 상품(Follow Prize)

Follow Prize는 새로운 팔로워가 판매자의 샵을 팔로우할 때 맞춤형 바우처로 인센티브를 주어 새로운 팔로워를 얻을 수 있도록 도와주는 마케팅 도구입니다. Follow Prize는 팔로워 기반을 늘리는 데 도움이 될 수 있으며 더 많은 쇼핑객이 판매자 샵의 최신 상품 및 프로모션에 대한 업데이트를 수신함에 따라 충성 고객을 확보할 수 있습니다. Follow Prize 발행 방법에 대해 알아보겠습니다.

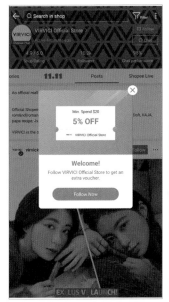

1 Seller Centre에 로그인 후 [Marketing Centre]-[Marketing Centre]-[Follow Prize]을 클릭합니다.

2 Follow Prize 페이지에서 새로운 Follow Prize를 생성을 위해 [Create New Follow Prize]를 클릭합니다.

3 Create New Follow Prize 페이지에서 바우처를 생성합니다.

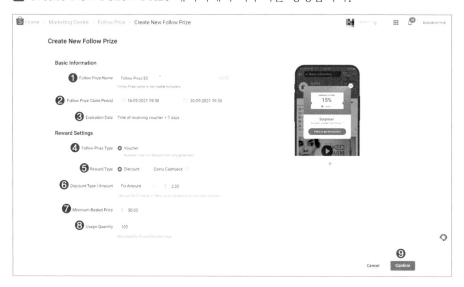

❶ Follow Prize Name에 관리 명칭을 입력합니다. 쇼핑객에게 노출되지 않습니다.

❷ Follow Prize Claim Period에 시작 일자와 종료 일자를 입력합니다.

❸ Expiration Date은 바우처 종료일 + 7일간 지속됩니다.

❹ Follow Prize Type에서 [Voucher]를 선택합니다.

❺ Reward Type에서 할인을 할 경우에는 [Discount], 코인 캐쉬백을 힐 경우에는 [Coins Cashback]을 선택합니다. 선택에 따라 아래 "Discount Type | Amount" 설정이 달라집니다.

❻ Discount Type | Amount에서는 Reward Type의 선택에 따라 "Discount"은 고정 금액 할인(Fix Amount)와 할인율(By Percentage)로 구분되고 "Coins Cashback"은 할인율(By Percentage)만 선택이 가능합니다.

❼ Minimum Basket Price는 ❻ Discount Type | Amount의 선택에 따라 고정 금액 할인(Fix Amount) 선택 시에는 할인 금액을 입력하고 할인율(By Percentage) 선택 시에는 금액 설정(Set Amount)과 제한 없음(No Limit)으로 나누어 설정할 수 있습니다.

❽ Usage Quantity에서는 진행할 수량을 입력합니다.

❾ 모든 설정을 완료하였다면 [Confirm]을 클릭하여 생성을 완료합니다.

4 생성이 완료되었다면 팝업 창이 5초간 표시되고 Follow Prize 페이지로 이동합니다.

5 Follow Prize 페이지에서 생성한 Follow Prize 바우처를 확인하실 수 있으며 수정 및 삭제, 데이터 확인 등이 가능합니다.

2 _ 라이브 스트리밍(Live Streaming)

라이브 스트리밍(Live Streaming)은 홈쇼핑같이 라이브로 상품을 홍보하고 구매할 수 있게 하는 라이브 커뮤니티로 셀러 코인, 바우처 증정, 코인 리워드 등과 같이 사용하면 홍보 효과를 늘릴 수 있습니다.

라이브 스트리밍은 셀러라면 누구나 신청할 수 있으며 최소 2주 전에 쇼피에 배너 및 진행 자료를 보내면 쇼피에서 셀러의 라이브 예정 일자를 알려주며 "Live Coming Soon"에서 배너로 홍보해 줍니다. 쇼핑객들은 Live Streaming을 주로 모바일을 통해 시청을 하는 경우가 많으며 Shopee Live PC 포털을 통해 데스크탑에서 Shopee Live 세션을 스트리밍 할 수도 있습니다.

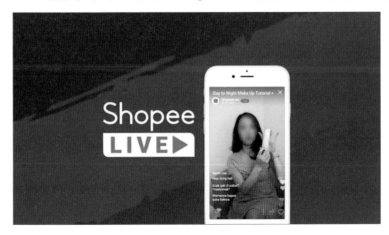

라이브 스트리밍을 시작하기에 앞서 아래 사항을 미리 체크하는 것이 좋습니다.

❶ **프로그램 라인업이 있나요?**
- 콘텐츠 흐름을 준비하고 호스트를 선택합니다.
- 스트리밍 기간을 계획합니다.

❷ **주요 상품 및 프로모션을 무엇입니까?**
- 라이브 스트리밍 세션에 소개된 제품에 대한 할인을 설정합니다.
- 세션 중에 제품을 계속 추가할 수 있도록 라이브 스트리밍 세션 전에 쇼핑백에 하나 이상의 제품을 추가하세요.

❸ **설정이 준비되었습니까?**
- 소품 및 카메라 설정을 준비합니다.
- 인터넷 연결이 양호하고 인벤토리에 충분한 재고가 있는지 확인합니다.

❹ **경품은 준비하셨나요?**
- 사은품을 나열하고 필요한 상품권/사은품 등의 수량을 확인하세요.
- 승자 선정 방식을 결정합니다.

❺ **라이브 스트리밍 세션을 홍보했습니까?**
- Shopee 라이브 스트림 홈페이지에 표지 이미지와 배너를 업로드합니다.
- 소셜 미디어 페이지에서 라이브 스트림 세션에 대해 공유하십시오.

라이브 스트리밍 설정 방법은 PC를 통해 설정하는 방법과 모바일 앱을 통해 설정하는 방법이 있으나 아이폰 사용자의 경우 한국 Apple App Store에서는 쇼피 앱을 찾을 수 없으니 다운로드 방법에 대해서는 "부록"에서 설명하도록 하겠습니다. 그럼, Live Streaming 설정 방법에 대해 알아보겠습니다.

2-1 PC를 통한 설정 방법

PC를 통해 Live Streaming을 진행하기 위해서는 웹 카메라, 마이크 등 방송 장비가 사전에 준비되어 있어야 합니다. 꼭! 미리 체크하시기 바랍니다.

1 Seller Centre에 로그인 후 [Marketing Centre] – [Marketing Centre] – [Live Streaming]을 클릭합니다.

2 Create Streaming 페이지에서 커버 이미지와 타이틀, Live 설명 등을 입력 후 상품 선택을 클릭합니다.

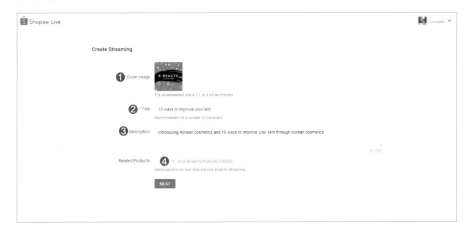

❶ Cover Image는 가로 500px x 세로 500px로 제작하여 업로드합니다. Coming soon 영역에서 보이는 사이즈는 300 x 300 px로 보이게 됩니다.

❷ Title은 쇼핑객이 직관할 수 있고 간단한 내용을 입력합니다. (예, 피부를 개선하는 10가지 방법 (10 ways to improve your skin))

❸ Description에는 Live를 진행하는 내용에 대한 설명을 입력합니다.

❹ Live 진행할 상품 선택을 위해 [Add Related products]를 클릭합니다. 상품은 최대 500개까지 진행 가능합니다.

3 Add Related products 페이지에서 진행할 상품을 선택 후 [Confirm]을 클릭합니다.

4 진행할 상품 선택까지 완료하였다면 하단의 [Next] 버튼을 클릭합니다.

5 다음 페이지에서 자동으로 진행에 관련된 바우처를 선택할 것인지 물어보는 팝업 창이 나타나면 [Confirm]을 클릭합니다.

6 최종 진행을 위해 [Go Live] 버튼을 클릭하면 라이브 스트리밍 방송을 시작할 수 있습니다. 사전에 웹 카메라 및 마이크 등을 체크하는 것을 잊지 마시기 바랍니다.

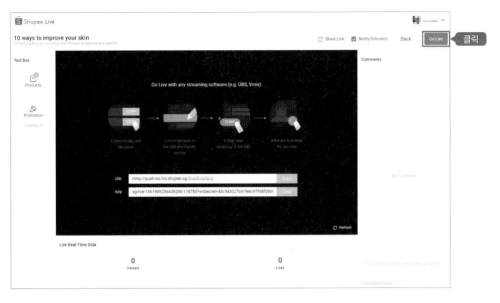

2-2 모바일 앱을 통한 설정 방법

모바일 앱을 통해 Live Streaming을 진행할 경우에는 스마트폰의 카메라와 마이크를 사용하기 때문에 별도의 장비가 필요하지는 않으나 주변 소음이나 조명 등을 체크하는 것이 중요합니다. 모바일을 통한 Live Streaming 설정 방법은 다음과 같습니다.

1 Shopee App 실행 후 하단의 [Me] 버튼을 클릭 후 [Live Streaming]을 클릭하여 새로운 Live Streaming 생성을 위해 [Create Stream]을 클릭합니다.

2 Create Stream 페이지에서 진행할 내용을 입력 후 진행 상품 선택까지 완료하였다면 하단의 [NEXT] 버튼을 클릭합니다.

❶ Cover Image는 가로 500px x 세로 500px로 제작하여 업로드합니다. Coming soon 영역에서 보이는 사이즈는 300 x 300 px로 보이게 됩니다.

❷ Title은 쇼핑객이 직관할 수 있고 간단한 내용을 입력합니다. (예, 피부를 개선하는 10가지 방법 (10 ways to improve your skin))

❸ Description에는 Live를 진행하는 내용에 대한 설명을 입력합니다.

❹ Live 진행할 상품 선택을 위해 [Add Related products]를 클릭합니다. 상품은 최대 500개까지 진행 가능합니다.

3 최종 준비가 완료되었다면 하단의 [Go Live] 버튼을 클릭하여 라이브 스트리밍 방송을 시작합니다. 종료된 라이브 스트리밍 세션은 쇼피 샵 프로필 내 Shopee Live 탭에서 보여집니다.

03 키워드 광고
(Increase Your Shop Traffc)

이번에 소개할 유료 광고는 쇼피 홈페이지 메인 화면, 검색 결과, 상품 상세 페이지 등 쇼피 내 트래픽이 높은 영역에 판매자의 상품을 노출할 수 있습니다. 앞서 소개해드린 Boost Sales with Promotion과 Engage with Your Shoppers 함께 유료 광고를 적절히 활용하면 상품과 샵의 인지도를 높일 수 있습니다.

1 _ 쇼피 광고(Shopee Ads)

쇼피 광고(Shopee Ads)는 아래 이미지와 같이 상품 검색 키워드를 통한 Search Ads와 검색 결과 또는 상품 상세페이지의 유사 상품 광고 영역에서 보이는 Discovery Ads, 판매자 샵을 광고할 수 있는 Shop Search Ads 등 3가지로 나누어져 있습니다. 하지만, Shop Search Ads의 경우 Shopee Mall 셀러 또는 Preferred 셀러, 판매 및 판매 평가 점수가 높은 셀러만 이용할 수 있기 때문에 초보 셀러의 경우 진행할 수 없는 단점이 있습니다. 초보 셀러에 맞추어 Search Ads와 Discovery Ads에 대해서만 설명하도록 하겠습니다.

1-1 광고 크레딧(Ads Credit) 충전 하기

Shopee Ads를 사용하기 위해서는 먼저 광고 크레딧(Ads Credit)을 충전해야 사용할 수 있는 형태로 되어 있습니다. 미리 광고 예산을 편성하고 그에 맞는 광고 크레딧을 구매하는 것이 좋습니다. 광고 예산을 계산하지 않은 상태로 광고를 집행할 경우 광고 비용 지출이 높아져 역마진을 볼 수 있으니 주의하여야 합니다. 광고 크레딧 충전하는 방법은 다음과 같습니다.

1 Seller Centre에 로그인 후 [Marketing Centre]-[Marketing Centre]-[Shopee Ads]을 클릭합니다.

2 Shopee Ads 페이지에서 광고 크레딧 충전을 위해 [Top Up]을 클릭합니다.

3 충전할 크레딧을 선택 후 하단의 [Buy now] 버튼을 클릭합니다.

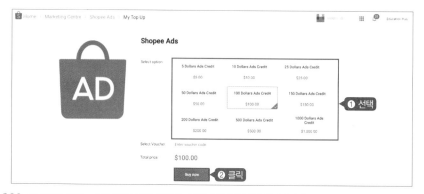

4 신용카드 또는 해외 사용 가능 체크 등록을 위해 [Add new card]를 클릭합니다.

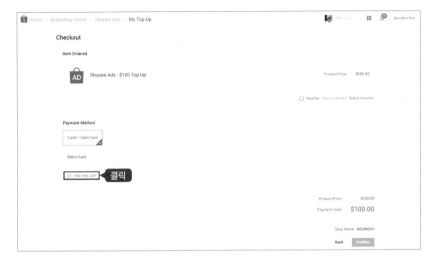

5 카드 정보를 등록 후 하단의 [Submit]을 클릭합니다.

6 카드 정보가 등록되었다면 하단의 [Confirm]을 클릭하여 광고 크레딧을 구매합니다.

7 구매한 광고 크레딧이 표시되고 광고할 준비가 완료되었습니다.

1-2 Search Ads 설정하기

Search Ads는 CPC(Cost-Per-Click, 클릭 시 청구되는 방식) 키워드 광고로 구매한 광고 크레딧에서 쇼핑객이 클릭할 경우 광고비가 차감되는 방식입니다. 쇼피는 판매자를 보호하기 위해 동일한 사용자의 반복 클릭 또는 자동 클릭과 같은 무효 클릭을 자동으로 감지하므로 비용이 청구되지 않습니다. Search Ads는 아래 이미지와 같이 상품 이미지에 [Ad] 표시가 있으며 쇼핑객이 상품을 클릭해야 비용이 청구됩니다.

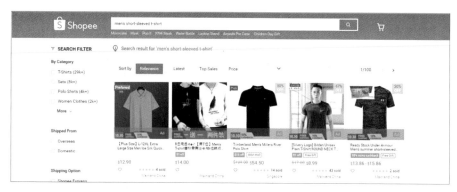

Search Ads의 광고 순위는 광고 순위 점수에 따라 결정됩니다. 순위 점수가 높을수록 더 나은 광고 순위를 의미하며 검색 결과 페이지의 상단에 더 가깝습니다. 순위 점수는 아래 설명과 같이 2가지 요소의 영향을 받습니다.

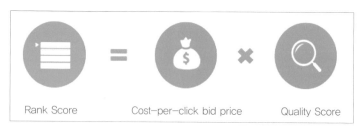

❶ CPC 입찰가는 고객이 광고를 클릭할 때 지불되는 최고 가격으로 입찰가가 높을수록 순위 점수가 높아집니다. 광고 게재 순위를 유지하기 위해 지불해야 하는 최소 금액을 계산하고 청구하므로 실제 청구된 가격은 입찰 가격보다 낮은 경우가 많습니다.

❷ 품질 점수는 아래에 의해 결정됩니다.
- 선택한 키워드와 제품의 관련성
- 광고의 클릭률
  - 클릭률은 사용자가 광고를 본 후 클릭한 횟수의 비율
  - 매력적인 사진, 관련성 있는 제목 및 좋은 제품 평가가 포함된 광고의 경우 클릭률이 더 높습니다.
  - 예를 들어 3명의 판매자가 동일한 키워드에 대해 입찰하는 경우:

구분	CPD 입찰가격	품질 평가 점수	랭크 점수	광고 노출 랭킹
Seller A	$0.5	7	3.5	#3
Seller B	$0.6	9	5.4	#1
Seller C	$0.7	7	4.9	#2

❸ Search Ads 노출 영역
Search Ads는 모바일이든 데스크톱이든 상관없이 단일 키워드에 대해 최대 60개의 키워드 광고가 검색 결과에 표시됩니다. 모바일의 상품 검색 광고는 검색 결과 페이지에서 처음 2개의 상품 목록으로 표시되며 그 이후에는 3개의 목록마다 1개의 광고가 표시됩니다. PC의 상품 검색 광고는 검색 결과 페이지에서 처음 5개의 상품 목록으로 표시되며 그 이후에는 40개의 목록이 있을 때마다 5개의 광고가 표시됩니다.

❹ Search Ads 수정 및 실적 확인
Search Ads는 언제든지 키워드 추가 또는 삭제, 입찰가 또는 예산 수정, 광고 기간 단축 또는 연장이 가능하며 지난 90일 동안 검색 광고의 실적을 추적할 수 있고 Search Ads 홈페이지의 대시보드를 확인하면 광고에서 생성된 조회 수, 클릭 수, 주문 수 및 기타 측정 항목을 추적할 수 있습니다.

❺ 자동 키워드와 수동 키워드
쇼피에서 키워드 광고인 Search Ads를 진행할 경우 1개의 광고에 2개 이상의 상품을 선택할 경우 자동으로 키워드가 선택되고 쇼피에서 상품과 관련된 키워드를 최적화합니다. 자동 선택 키워드를 사용할 경우 최소한의 노력과 시간 투자로 광고를 설정할 수 있고 수동 키워드를 사용하려고 할 경우에는 1개의 광고에 1개의 상품만을 선택하면 직접 키워드를 입력 및 입찰가를 선택할 수 있습니다.

자동 키워드 선택(Auto Selected)이냐 수동 키워드 선택(Manually Selected)이냐는 굉장히 중요한 내용입니다. 키워드 광고에 익숙하지 않은 판매자라면 쇼피에서 관리해 주는 자동 키워드 선택을 추

천하고 키워드 광고에 익숙한 판매자라면 수동 키워드 광고를 선택하여 직접 키워드 입력 및 입찰가를 선택하는 것을 추천합니다. 수동 키워드 선택(Manually Selected)은 확장 검색(Broad Match)와 정확히 일치(Exact Match)로 설정할 수 있는데 노출 증가를 원하는 경우에는 확장 검색(Broad Match)을 사용하는 것이 좋고 매출 상승을 원하는 경우에는 확장 검색(Broad Match)와 정확히 일치(Exact Match)을 혼합하여 하는 것이 좋습니다. 만약, 광고 비용을 줄이며 매출을 높일 계획이라면 정확히 일치(Exact Match)만을 사용하는 것을 추천합니다.

Match Type	키워드 (Keyword)	광고는 다음 검색에 표시될 수 있습니다. (Add may show on searches for)
정확히 일치 (Exact Match)	Socks	Socks
확장 검색 (Broad Match)	Socks	Socks, Ankle Socks, Wormen's Socks, Socks Non-slip, Men's Socks, Socklets, Running Gear

Search Ads 설정 방법은 다음과 같습니다.

자동 키워드 선택(Auto Selected) 설정

자동 키워드는 앞서 설명한 것과 같이 1개의 광고에 2개 이상의 상품 선택할 경우 자동으로 자동 키워드 Search Ads로 설정되며 키워드 및 입찰가는 쇼피에서 관리하게 됩니다.

1 Seller Centre에 로그인 후 [Marketing Centre] – [Marketing Centre] – [Shopee Ads]을 클릭합니다.

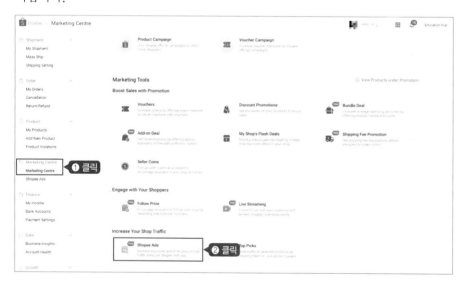

2 Shopee Ads 페이지에서 Search Ads 광고 설정을 위해 [Create New Ads]를 클릭합니다.

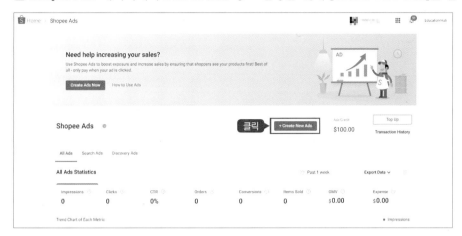

3 Create New Ads 팝업 창에서 [Search Ads]를 클릭합니다.

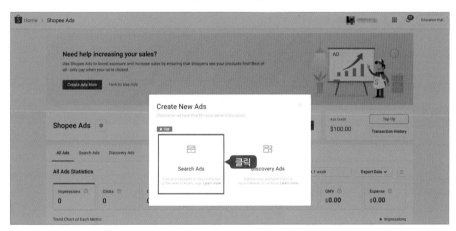

4 Search Ads 설정을 위해 기간 및 상품을 선택합니다.

❶ Promotion Type에서는 상품 광고를 위해 [Products]를 선택합니다.

❷ Budget은 "No Limit"와 "Set Budget"로 나누어져 있는데 "No Limit"은 일일 예산에 제한을 두지 않는 것이고 "Set Budget"은 아래 이미지와 같이 하루에 사용할 광고 비용을 제한하는 것입니다. 광고 비용 관리를 위해 "Set Budget"을 선택하고 일일 예산을 설정하여 관리하는 것을 추천드립니다.

❸ Time Length은 광고 진행 기간을 설정하는 메뉴로 아래 이미지와 같이 "No Time Limit"와 "Set Start/End Date"로 나뉩니다. "No Time Limit"는 기간을 제한하지 않는 것이고 "Set Start/End Date"은 시작 일자와 종료 일자를 설정할 수 있습니다. 광고는 판매자가 임의로 중지(Stop)/일시 중지(Pause)를 선택할 수 있으니 "No Time Limit"으로 설정하는 것을 추천드립니다.

❹ Search Ads로 진행할 상품 선택을 위해 [+] 버튼을 클릭합니다. 1개의 광고로 진행할 수 있는 상품은 최대 50개까지 선택이 가능합니다.

❺ Select Products 팝업 창에서 Search Ads로 진행할 상품을 선택 후 하단의 [Confirm]을 클릭합니다.

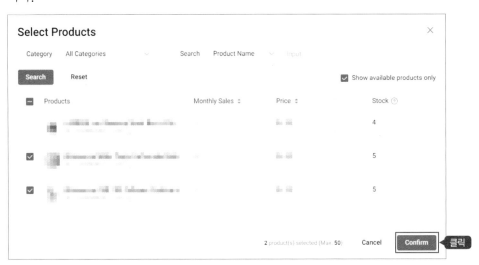

⑥ 아래 예제 이미지와 같이 Search Ads로 진행할 상품이 2개 선택되었으며 "Keyword Settings"에서 자동으로 자동 키워드 선택(Auto Selected)이 활성화되며 수동 키워드 선택(Manually Selected)은 선택할 수 없게 변경됩니다. 광고 게시를 위해 [Publish] 버튼을 클릭합니다.

⑦ 성공적으로 광고가 게시되었다는 팝업 창이 표시되며 "Discovery Ads"를 같이 진행할 것인지 물어보게 되는데 선택한 상품에 대해 "Discovery Ads"까지 같이 진행을 원할 경우에는 [Publish Discovery Ads]를 클릭하고 별도로 진행을 원할 경우에는 [No, Thanks]를 클릭합니다. 필자는 별도로 진행할 것이기 때문에 [No, Thanks]을 선택하였습니다.

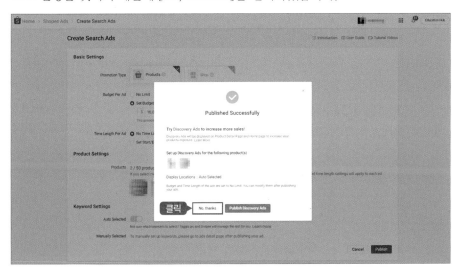

8 아래 이미지와 같이 Search Ads 광고 설정이 완료되었습니다.

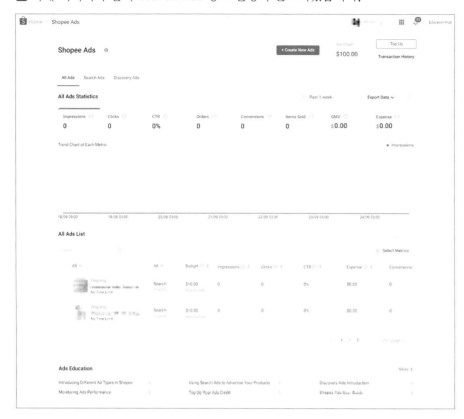

9 All Ads List 영역에서 진행하고 있는 광고 상품을 선택 후 중지(Stop)/일시 중지(Pause)를 할수 있습니다.

10 All Ads List 영역에서 진행하고 있는 광고 상품을 클릭하면 아래 이미지와 같이 각 상품별 세부 광고 진행 현황을 확인하실 수 있으며 상품별로 중지(Stop)/일시 중지(Pause)를 할 수 있습니다. 각

상품별로 수동 키워드 선택(Manually Selected)을 원할 경우에는 아래의 [Add more keywords]를 클릭합니다.

⓫ Add Keywords 팝업 창에서 쇼피에서 추천하는 키워드를 추가할 수도 있고 직접 검색하여 입력할 수도 있으며 각 키워드별 입찰가를 설정할 수도 있습니다. 또한, 각 키워드를 확장 검색(Broad Match)과 정확히 일치(Exact Match)로도 선택할 수 있으니 필요에 따라 선택하시기 바랍니다. 수동 키워드를 모두 입력하였다면 하단의 [Confirm] 버튼을 클릭합니다.

12 선택한 키워드가 아래 이미지와 같이 추가되며 광고 현황에 대해 추적할 수 있습니다.

수동 키워드 선택(Manually Selected) 설정

수동 키워드 선택(Manually Selected)은 1개의 광고 설정에 상품을 1개 선택했을 때 직접 키워드를 입력하여 등록할 수 있는 키워드 광고로 확장 검색(Broad Match)과 정확히 일치(Exact Match)로 노출을 늘릴 것인지 광고 비용을 줄이고 이익을 높일 것인지에 따라 선택하여 운영할 수 있습니다. 수동 키워드 선택 설정 방법은 앞서 소개해 드렸던 "자동 키워드 선택(Auto Selected) 설정"의 상품별 세부 관리에서 등록했던 것과 같습니다. 그럼, 세부적인 설정 방법을 확인해 보도록 하겠습니다.

1 Seller Centre에 로그인 후 [Marketing Centre] – [Marketing Centre] – [Shopee Ads] – [Create New Ads]을 클릭 후 "Create Search Ads" 페이지에서 "자동 키워드 선택 (Auto Selected)"에서 선택한 것 같이 기본 설정을 한 후 상품 추가를 위해 [Add recommended keywords]를 클릭합니다.

❷ Manually Selected 영역에 선택한 상품의 쇼피 추천 키워드가 보이고 입찰가 (Bid Price)를 변경하거나 필요하지 않은 키워드의 경우 휴지통 아이콘을 클릭하여 삭제할 수도 있습니다. 직접 키워드를 등록하기 위해서 [Add Keywords]를 클릭합니다.

❸ Add Keywords 팝업 창의 검색 바에 상품과 관련한 키워드를 입력하면 관련 키워드들이 표시되고 원하는 키워드를 [Add]를 클릭하여 선택할 수 있습니다. 선택한 키워드의 권장 입찰가가 표시되는데 원하는 입찰가를 입력하실 수도 있습니다. 하단의 "Change Match Type"에서 선택한 키워드를 확장 검색(Broad Match) 또는 정확히 일치(Exact Match)로 선택할 수 있습니다. 수동 키워드 선택(Manually Selected)를 처음 진행하는 판매자인 경우 우선 확장 검색(Broad Match)으로 선택하여 광고 추이를 보며 추가/수정하고, 이후 쇼피에서 권장하는 키워드와 직접 찾은 키워드를 혼합해서 사용하는 것을 추천드립니다. 원하는 키워드를 추가하였다면 [Confirm and add keywords]를 클릭하여 키워드를 등록합니다.

4 원하는 키워드를 모두 추가하였다면 하단의 [Publish] 버튼을 클릭합니다. 팝업 창에서 선택한 상품에 대해 "Discovery Ads"를 같이 진행할 것인지 선택할 수 있는데 [No, thanks]를 클릭하여 별도로 진행하도록 합니다.

이렇게 키워드 광고에 대해 자동 키워드 선택(Auto Selected) 방법과 수동 키워드 선택(Manually Selected) 방법에 대해 알아보았습니다. 키워드 광고는 2주 동안의 진행 추이를 지켜보면서 키워드를 추가하거나 효과 없는 키워드를 삭제하고 효과가 좋은 키워드의 경우 입찰가를 높여 더 많은 노출을 가져갈 수 있게 관리하는 것이 중요합니다. 다음은 키워드 광고를 진행하는데 필요한 팁을 정리한 내용이니 참고해서 키워드 광고를 진행하는 것을 추천드립니다.

Search Ads Tips:

- 기존 쇼핑 광고를 2주 동안 실행한 후 최적화하세요.
- ROI가 좋고 광고 순위가 낮은 키워드의 입찰가를 높입니다.
- ROI가 낮은 확장검색 키워드를 일치 검색으로 설정합니다.
- 제품의 가격 경쟁력, 상품 이미지 및 설명을 개선하십시오.

1-3 Discovery Ads 설정하기

Discovery Ads는 판매자의 상품과 비슷하거나 대체품에 관심을 갖고 있는 특정 고객들을 타게팅 해 광고를 집행할 수 있습니다. 타게팅 광고는 쇼피 홈페이지 메인 하단의 '오늘의 발견(Daily Discover)' 영역과 상품 상세페이지 하단의 '비슷한 상품(Similar Products)', '관련 상품(You May Also Like)' 영역에 노출됩니다. 검색 광고와 디스커버리 광고를 같이 사용하여 상품을 광고하면 쇼피에서 가장 트래픽이 많은 세 가지 섹션(예: 홈페이지, 검색 결과 페이지 및 관련 제품 세부 정보 페이지)에 상품을 표시할 수 있습니다.

오늘의 발견(Daily Discover)은 매일 100여 개의 상품이 쇼피 메인 페이지 하단에 '오늘의 발견' 영역에 표시되며 최대 19개의 타겟 광고 제품이 포함되어 있습니다. 광고의 게재 위치는 자동으로 진행되는 광고 성과 최적화에 따라 달라집니다.

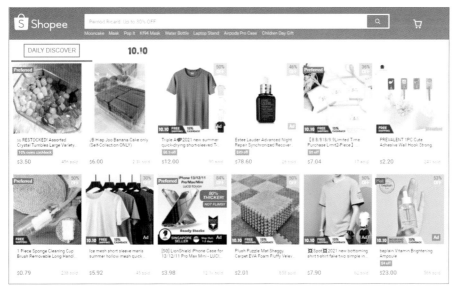

◆ 쇼피 메인 페이지에 표시된 '오늘의 발견(Daily Discover)'

비슷한 상품(Similar Products)은 연관 상품 상세페이지 하단의 '비슷한 상품' 영역의 첫 두 상품이 타겟 광고 상품이며 이후 다섯 개의 리스팅마다 한 개씩 광고 제품이 표시됩니다.

◆ 상품 상세 페이지 하단에 표시된 '비슷한 상품(Similar Products)'

관련 상품(You May Also Like)은 연관 상품 상세페이지 하단의 '관련 상품' 영역에 다섯 개의 타겟 광고가 게재되며 광고의 게재 위치는 자동으로 진행되는 광고 성과 최적화에 따라 달라집니다.

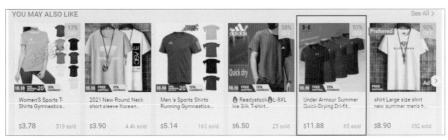

◆ 상품 상세 페이지 하단에 표시된 '관련 상품(You May Also Like)'

디스커버리 광고는 여러 판매자가 광고하기 때문에 광고 노출을 놓고 다른 판매자와 경쟁하게 됩니다. 광고 노출을 결정하는 2가지 요소는 다음과 같습니다.

❶ CPC 입찰가는 고객이 광고를 클릭할 때 발생하는 광고 비용을 의미합니다.

• 입찰가가 높을수록 광고 노출이 높아집니다.

• 청구된 실제 가격은 입찰 가격보다 낮은 경우가 많습니다. 쇼피 광고의 경매 시스템은 광고를 게재하는 데 필요한 최소 금액을 계산합니다.

❷ 상품 관련성은 판매자의 상품이 쇼핑객과 얼마나 관련이 있는지 측정하며 상품 관련성이 높을수록 광고 노출도 높아집니다.

• 판매자의 상품이 상품 상세 페이지의 상품과 매우 유사한 경우 판매자의 광고는 유사 상품에서 높은 관련성을 갖게 됩니다. 유사성을 평가하기 위해 쇼피에서는 상품 카테고리, 제목 및 설명을 분석하여 다른 상품과 얼마나 일치하는지 확인합니다.

• 판매자의 상품이 상품 세부 정보 페이지의 상품과 관련성이 높거나 보완적인 경우 판매자의 광고는 '관련 상품(You May Also Like)'에서 노출도가 높습니다.

• 쇼핑객이 지난 30일 동안 판매자와 유사한 상품을 보거나 장바구니에 추가하거나 '좋아요'를 누르거나 평가한 경우 판매자의 광고는 '오늘의 발견(Daily Discover)'에서 높은 노출을 갖게 됩니다.

또한, 아래 이미지같이 디스커버리 광고의 자동 최적화(Auto Optimisation) 모드를 사용하면 쇼피에서 각 디스커버리 광고 표시 위치에 대한 입찰가를 관리하므로 추가로 관리할 필요가 없으며 쇼피는 실시간 광고 실적에 따라 입찰 가격을 동적으로 조정하여 광고에 대한 투자 수익률(ROI)을 보장합니다. 디스커버리 광고를 처음 사용하거나 광고를 수동으로 최적화하는 방법에 대해 잘 모를 경우 자동 최적화 모드를 사용하는 것을 추천드립니다.

디스커버리 광고를 최적화하기 위해서는 먼저 7-10일 동안 광고를 게재하는 것이 좋습니다. 이후 아래 내용을 확인하여 광고를 수정하기 바랍니다.

※ 실적이 좋은 광고(例 전환 및 허용 가능한 ROI)의 경우 일일 예산을 두 배 또는 세 배로 늘리십시오.

※ 100회 클릭 후 전환이 없는 광고의 경우:

• 광고가 자동 최적화 모드에 있는 경우 상품을 계속 홍보하려면 광고를 끄고 수동 모드를 사용하십시오.

• 광고가 수동 모드인 경우 더 많은 노출을 얻기 위해 입찰가를 높이거나 끌 수 있습니다.

※ 이후 1–2주마다 광고를 확인하십시오.

※ 수동 모드에서 디스커버리 광고를 사용하는 경우:

• 더 많은 트래픽과 판매를 얻기 위해 전환 및 ROI가 좋은 광고의 입찰가를 높입니다.

• 비용 소득 비율(CIR)이 상품의 이윤을 초과한 광고의 입찰가를 낮추거나 광고를 끕니다.

• 디스커버리 광고 홈페이지의 상품 통계 섹션에서 상품의 CIR을 찾습니다.

그럼, 디스커버리 광고(Discovery Ads) 설정 방법에 대해 알아보겠습니다.

자동 최적화(Auto Optimisation)을 통한 디스커버리 광고(Discovery Ads) 설정

1 Seller Centre에 로그인 후 [Marketing Centre] – [Marketing Centre] – [Shopee Ads]을 클릭합니다.

2 Shopee Ads 페이지에서 Search Ads 광고 설정을 위해 [Create New Ads]를 클릭합니다.

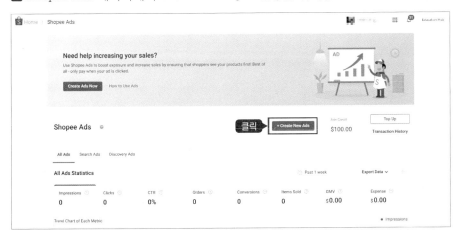

❸ Create New Ads 팝업 창에서 [Discovery Ads]를 클릭합니다.

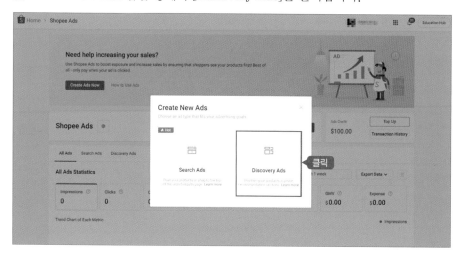

❹ Create Discovery Ads 페이지에서 자동 최적화(Auto Optimisation)를 활성화하고 [Add Products]를 클릭합니다.

❺ Select Products 팝업 창에서 진행할 상품을 선택 후 [Confirm]을 클릭합니다.

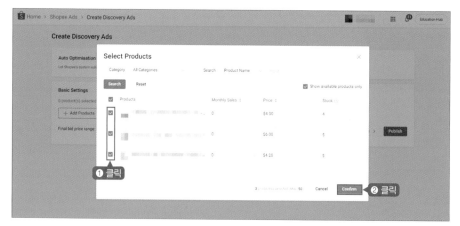

6 선택된 상품의 예산(Budget)과 기간(Time Length)를 선택하여 수정할 수도 있으며 원하지 않는 상품의 경우 휴지통 버튼을 클릭하여 삭제할 수도 있습니다. 진행 조건을 선택하였다면 하단의 [Publish] 버튼을 클릭합니다.

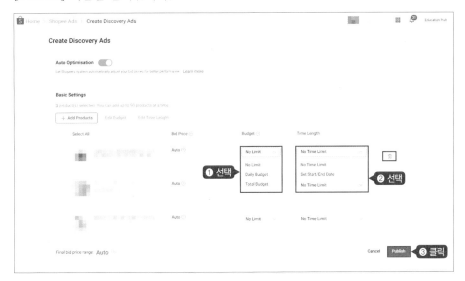

7 팝업 창으로 디스커버리 광고(Discovery Ads) 설정 완료되었음을 알려주며 키워드 광고 (Keyword Ads)를 같이 진행할 것인지 물어보는데 앞서 별도로 진행했으니 [No, thanks]를 클릭합니다.

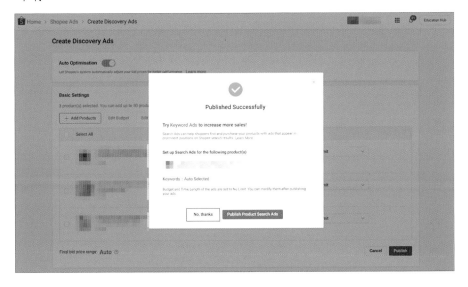

8 디스커버리 광고(Discovery Ads) 탭에서 현재 진행되고 있는 디스커버리 광고(Discovery Ads)를 확인하실 수 있으며 일시 중지(Pause)/중지(Stop), 예산(Budget)과 기간(Time Length)도 수정할 수 있습니다.

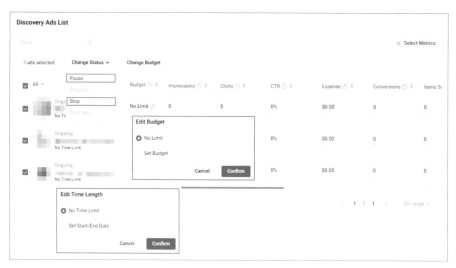

고급 설정(Add Advanced Settings)을 통한 디스커버리 광고(Discovery Ads) 설정

고급 설정(Add Advanced Settings)은 판매자가 직접 입찰 가격과 예산(Budget) 및 기간(Time Length)을 설정하고 디스플레이 위치, 프리미엄 요금 등을 선택할 수 있는 디스커버리 광고(Discovery Ads)입니다.

프리미엄 요금이란 더 나은 광고 트래픽을 얻기 위해 설정하는 동안 각 표시 위치에 대한 입찰가를 높일 수 있습니다. 예를 들어 유사 상품에 대한 입찰 가격이 $0.10이고 프리미엄 요율이 50%인 경우 유사 상품의 최종 입찰 가격은 $0.10 x (100% + 50%) 공식에 따라 $0.15입니다. Shopee 앱을 사용하여 디스커버리 광고를 만드는 경우 프리미엄 요금을 사용할 수 없으나 대신 디스플레이 위치별로 선택한 모든 상품에 대해 동일한 우선 입찰가를 설정할 수 있습니다. 광고 상품이 높은 판매 잠재력과 높은 이윤을 가지고 있는 경우 경쟁력 있는 프리미엄 요금을 설정할 수 있고 확실하지 않은 경우 항상 프리미엄 요율을 0%로 둘 수 있습니다. 2주 후 실적을 검토하고 실적이 좋으면 더 많은 트래픽을 위해 입찰가를 높이는 것이 좋습니다.

그럼, 고급 설정(Add Advanced Settings) 방법에 대해 알아보겠습니다.

1 Create Discovery Ads 페이지에서 자동 최적화(Auto Optimisation)를 비활성화하고 [Add Products]를 클릭하여 상품을 추가 후 디스플레이 위치 및 프리미엄 요금 설정을 원할 경우 [Add Advanced Settings]을 클릭합니다.

2 Display Locations Setting 페이지에서 디스플레이 위치 및 프리미엄 요금 설정을 완료 후 [Publish]를 클릭하면 디스커버리 광고(Discovery Ads) 고급 설정(Add Advanced Settings)이 완료됩니다.

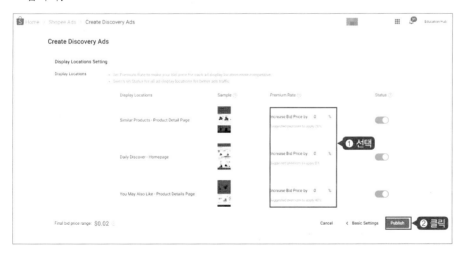

1-4 광고 내역 확인하기

앞서 진행한 Search Ads와 Discovery Ads 광고에 대해 확인하실 수 있는 방법에 대해 설명하도록 하겠습니다. 광고 부분의 각 섹션을 잘 이해하고 있어야 광고 데이터를 확인하여 수정 및 추가를 할 수 있습니다. 그럼, 광고 섹션의 세부 내역을 확인해 보겠습니다.

광고 섹션의 주요 내용

- 노출수 (Impressions): 노출수는 로그인한 쇼핑객이 광고를 본 횟수를 측정합니다. 노출이 높을수록 잠재 쇼핑객에게 광고의 도달 범위가 넓어집니다.
- 클릭수 (Clicks): 클릭수는 로그인한 쇼핑객이 광고를 본 후 광고를 클릭한 횟수를 측정합니다.
- 클릭률(CTR) (Click-Through-Rate (CTR)): CTR은 쇼핑객이 광고를 본 후 클릭한 횟수의 비율을 측정합니다.

  예를 들어 광고 노출이 100회이고 클릭이 10회라면 CTR은 10%입니다. CTR이 높을수록 광고에 대한 높은 관심을 반영하므로 더 좋습니다.

- 주문 (Orders): 주문은 광고 클릭 후 7일 이내에 판매자의 상점에서 광고된 상품 또는 기타 상품을 포함하는 쇼핑객의 주문 수를 측정합니다.
- 전환수 (Conversions): 전환은 광고된 상품 및 상점의 기타 상품을 포함하여 광고 클릭 후 7일 이내에 각 주문에서 판매된 고유 상품 수를 측정합니다. 쇼핑객이 여러 개의 광고 상품을 클릭하고 단일 주문으로 상점에서 여러 상품을 구매하는 경우 각 광고된 상품은 전환 1을 얻습니다. 또한 마지막으로 클릭한 광고는 동일한 주문 내에서 상점의 다른 모든 상품 판매에서 전환 1을 얻습니다.
- 판매 품목 (Items Sold): 판매된 품목은 광고 클릭 후 7일 이내에 판매자의 상점에서 광고로 구매된 상품 및 기타 상품의 총 수량을 측정합니다. 하나의 전환은 동일한 상품에 대해 판매된 여러 항목으로 구성될 수 있습니다. 예를 들어 셔츠를 광고하고 구매자가 한 번에 셔츠 3개를 구매하는 경우 전환은 1이 되고 판매된 항목은 3이 됩니다.
- 총 상품 가치(GMV, Gross Merchandise Value): GMV는 광고 클릭 후 7일 이내에 판매자의 상점에서 광고된 상품 및 기타 상품을 구매하여 쇼핑객이 구매한 총 금액을 측정합니다.
- 비용 (Expense): 비용은 광고에 지출된 총 금액을 측정합니다. 비용이 광고 예산 범위 내에 있는지 확인하는 것이 중요합니다.

- 광고 수익률(ROI, Return on Investment): ROI는 광고에 지출된 1달러당 상점 상품 판매로 인해 광고에서 발생한 수익을 측정하여 광고 지출에서 얻은 수익을 나타냅니다.
  - ROI = GMV ÷ 비용
  - 예를 들어, 광고에서 가져온 GMV(총 상품 가치)가 $3000이고 광고 비용이 $600인 경우 ROI는 5입니다.
- 비용 소득 비율(CIR, Cost-Income-Ratio): CIR은 상점 상품 판매에서 광고로 생성된 수익에 대한 광고 지출의 비율을 측정합니다.
  - CIR = 비용 ÷ GMV x 100%
  - 예를 들어 광고 비용이 600달러이고 광고에서 가져온 GMV가 3000달러인 경우 CIR은 20%입니다.
- 전환율(CR, Conversion Rate): CR은 광고 클릭당 판매자의 상점에서 광고된 상품 및 기타 상품의 판매 전환을 측정합니다.
  - CR = 전환수 ÷ 클릭수 x 100%
- 전환당 비용(Cost Per Conversion): 전환당 비용은 판매 전환당 평균 비용을 측정합니다.
  - 전환당비용 = 비용 ÷ 전환
- 직접 주문 (Direct Orders): 직접 주문은 광고 클릭 후 7일 이내에 광고된 상품에 대한 주문 수를 측정합니다. 구매자가 주문할 때 광고한 상품의 여러 수량을 포함할 수 있습니다. Shop Search Ads의 경우 주문 수에는 1일 이내에 클릭하고 7일 이내에 구매한 제품이 포함됩니다.
- 직접 전환(Direct Conversions): 직접 전환은 광고 클릭 후 7일 이내에 판매된 고유한 광고 상품의 수를 측정합니다. 쇼핑객이 여러 광고 상품을 클릭하고 단일 주문으로 구매하는 경우 각 광고된 제품에는 1개의 직접 전환이 발생합니다.
- 직접 판매된 품목(Direct Items Sold): 직접 판매는 광고 클릭 후 7일 이내에 광고로 구매한 상품의 총 수량을 측정합니다. 하나의 주문에는 판매된 여러 항목이 포함될 수 있습니다. 예를 들어 셔츠를 광고하고 구매자가 한 번에 3개의 셔츠를 구매하는 경우 직접 주문은 1이 되고 판매된 직접 품목은 3이 됩니다. Shop Search Ads의 경우 총 상품 수량에는 1일 이내에 클릭하고 7일 이내에 구매한 상품이 포함됩니다.
- 직접 총 상품 가치(GMV, Direct Gross Merchandise Value): Direct GMV는 소비자가 광고 클릭 후 7일 이내에 광고된 상품을 구매하여 발생한 총 금액을 측정합니다. Shop Search Ads의 경우 총 상품 매출에는 1일 이내에 클릭하고 7일 이내에 구매한 상품이 포함됩니다.
- 직접 투자 수익(Direct ROI, Direct Return on Investment): 직접 ROI는 광고에 지출된 1달러당 광고된 상품의 판매로 인해 광고에서 생성된 수익을 측정합니다.
  - 직접 ROI = 직접 GMV ÷ 비용
  - 예를 들어 광고에서 가져온 직접 GMV가 $3000이고 광고 비용이 $600인 경우 직접 ROI는 5입니다.
  - Shop Search Ads의 경우 1일 이내에 클릭하고 7일 이내에 구매한 상품의 구매 수익을 직접 ROI 계산에 사용합니다.

- **직접 비용 소득 비율(Direct CIR, Direct Cost-Income-Ratio):** 직접 CIR은 광고된 상품의 판매에서 광고에 의해 생성된 수익에 대한 광고 지출의 비율을 측정합니다.
  - CIR = 비용 ÷ 직접 GMV x 100%
  - 예를 들어 광고 비용이 $600이고 광고에서 가져온 직접 GMV가 $3000인 경우 직접 CIR은 20%입니다.
  - Shop Search Ads의 경우 1일 이내에 클릭하고 7일 이내에 구매한 상품의 구매 수익을 Direct CIR 계산에 사용합니다.
- **직접 전환율(Direct CR, Direct Conversion Rate):** 직접 CR은 광고 클릭당 광고된 상품의 판매 전환을 측정합니다.
  - 직접 CR = 직접 전환 ÷ 클릭수 x 100%
- **직접 전환당 비용(Cost Per Direct Conversion):** 직접 전환당 비용은 직접 전환당 평균 비용을 측정합니다.
  - 직접 전환당 비용 = 비용 ÷ 직접 전환

광고 데이터 엑셀로 다운로드하기

광고 데이터를 엑셀로 다운로드해 노출 대비 클릭은 얼마나 발생하는지 그로 인한 광고 수익률(ROI)은 어떠한지를 확인하며 광고를 관리하는 것이 좋습니다. 이번에는 진행 중인 광고 데이터를 엑셀로 다운로드하는 방법에 대해 알아보겠습니다.

1 Shopee Ads 페이지에서 [Export Data]를 클릭 후 전체 광고 데이터(Overall Ads Data), 키워드/게재 위치 수준 데이터 (Keyword/Placement Level Data) 중 받고 싶은 데이터를 선택합니다.

❷ 생성된 데이터 정보를 [Download] 버튼을 클릭하여 다운로드합니다.

❸ 다운로드한 엑셀 파일을 열어 검색 키워드, 노출, 클릭 등의 데이터를 확인합니다.

앞서 설명한 것 같이 모든 광고는 최소 2주 이상을 진행한 후에 광고 데이터를 분석하는 것이 좋습니다. 그래야 실제 쇼핑객이 찾아 들어오는 키워드 등을 확인하실 수 있고 광고 데이터를 기준으로 광고를 수정할 수 있기 때문입니다. 각 광고 프로그램별로 광고 전략을 세워 광고 비용은 줄이고 매출을 높일 수 있는 계획을 세우는 것을 추천드립니다.

2 _ 최고 추천(Top Picks)

Top Picks는 아래 이미지와 같이 특정 상품을 클릭했을 때 하단에 보이는 영역으로 판매자가 원하는 상품을 특정하여 노출시킬 수 있는 장점이 있습니다. Top Picks를 통해 판매자의 샵에서 가장 인기 있는 상품이나 판매자가 하이라이트 하고 싶은 4~8가지 상품을 컬렉션으로 묶어 고객이 특정 제품을 클릭했을 때 다른 상품도 노출될 수 있도록 설정하는 것입니다. 쇼핑객이 판매자의 다른 상품에도 관심을 가지도록 유도해 교차 판매를 늘려 보시길 추천합니다.

Top Picks 컬렉션 최적화하는 방법으로는 다음과 같이 네 가지 방법이 있습니다.

❶ 컬렉션에 공개할 상품을 신중하게 선택하세요.

컬렉션을 생성하기 전에 Top Picks의 목적을 분명히 확인하는 것이 중요합니다.

- 전반적인 판매를 증진하고 싶다면:
  - 컬렉션에 보이는 처음 세 가지 상품은 상호 보완적이거나 관련 있는 상품으로 구성하세요.
  - 고객들의 주의를 끌만한 상품을 선택하세요.
  - 베스트셀러 상품으로 구성하세요.
- 신제품을 강조하고 싶다면:
  - 신제품 컬렉션을 만들고 정기적으로 업데이트하세요.
  - 샵의 상품이 긴밀하게 관련이 있는 경우(ex. 카테고리가 동일한 경우)에만 이 방법을 사용하세요. 그렇지 않다면 새로운 상품 추천은 상품 페이지와 관련이 없어 보일 수 있습니다.
- 재고를 처리하고 싶다면:
  - 재고 처리 컬렉션을 만들어 보세요.
  - 재고 처리 컬렉션의 상품이 서로 관련 없는 상품이라면 상품 가격을 낮춰 주의를 끌어보세요.

❷ 시즌별 Top Picks를 다르게 설정해 보세요.

축제, 연말, 새 학기와 같은 시즈널 컬렉션을 만들어보세요. 컬렉션 상의 상품이 서로 관련이 없어도 사용할 맥락이 비슷하다면 고객들의 눈길을 끌 수 있습니다.

❸ 컬렉션을 정기적으로 업데이트하세요.

컬렉션을 때때로 바꿔준다면 샵에 정기적으로 방문하는 고객들도 새로운 컬렉션을 확인하실 수 있어 기존 고객과 신규 고객 모두의 클릭율을 높일 수 있습니다.

❹ 상품 썸네일 이미지를 매력적으로 구성하세요.

상품 이미지는 고객의 주의를 끄는 중요한 요소 중 하나입니다. Top Picks 컬렉션에 구성될 상품의 썸네일을 명료하고 매력적인 이미지로 구성하는 것이 중요합니다.

그럼, Top Picks 컬렉션을 설정하는 방법에 대해 알아보겠습니다.

1 Seller Centre에 로그인 후 [Marketing Centre] – [Marketing Centre] – [Top Picks]을 클릭합니다.

2 Top Picks 페이지에서 새로운 Top Picks을 생성하기 위해 [Create Top Picks collection now] 버튼을 클릭합니다.

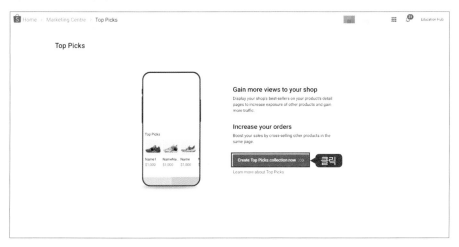

3 컬렉션 이름은 구매자에게 표시되지 않으니 관리 명칭을 입력하고 상품 추가를 위해 [Add Products]를 클릭합니다.

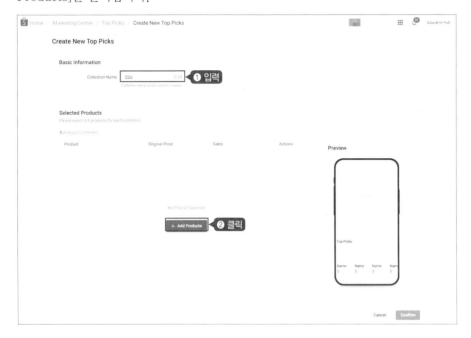

4 Selected Products 팝업 창에서 Top Picks으로 진행할 상품을 4~8개의 상품을 선택합니다. 최소 4개의 상품을 선택하여야 합니다. 상품 선택을 완료하였다면 아래 [Confirm] 버튼을 클릭합니다.

5 상품 선택까지 완료하였으며 아래 [Confirm] 버튼을 클릭하여 제출합니다.

6 팝업 창에 즉시 실행할 것인지 선택하는 란이 표시됩니다. 필자는 즉시 실행을 위해 [Activate Now]를 클릭하였습니다.

7 Top Picks 생성이 완료되었으며 수정 및 삭제 등의 관리를 할 수 있습니다.

04 쇼피 공식 이벤트 참여 (Join Shopee Official Event)

쇼피에는 여러 가지 상품을 노출할 수 있는 마케팅 방법도 많지만 쇼피 공식 이벤트에 참여하는 것이 쇼핑객에게 상품을 노출할 수 있는 가장 좋은 방법입니다. 쇼피의 공식 이벤트에 참여하게 되면 쇼피 고객들에게 메일링도 나가게 되어 더 많은 판매를 할 수도 있습니다. 그럼, 쇼피 공식 이벤트 참여 방법에 대해 알아보도록 하겠습니다.

쇼피에서는 매일 새로운 행사와 할인 이벤트가 진행되고 있습니다. 이벤트 행사 때 가장 눈길을 끄는 것은 당연히 쇼피 플래쉬 딜(Shopee Flash Deal)과 제품 캠페인(Product Campaign), 바우처 캠페인(Voucher Campaign)입니다. 이러한 이벤트 행사를 진행할 때면 아래 이미지와 같이 메인 페이지에 배너도 노출되기 때문에 쇼핑객들의 눈길을 끌고 있습니다.

하지만, 이벤트 캠페인에 참여하기 위해서는 판매자 자격이나 이벤트 테마에 맞는 상품이 있어야 신청이 가능하며 신청을 했다고 해서 모든 판매자가 이벤트에 참여를 할 수는 없습니다. 판매자가 이벤트 신청을 하면 쇼피에서는 신청된 내역을 기준으로 확인하여 승인을 해주는 형태로 진행됩니다. 그럼, 캠페인들에 대해 세부적으로 알아보도록 하겠습니다.

1 _ Product Campaign

제품 캠페인은 참여 판매자의 상품을 특징으로 하는 공식 쇼피 판촉 이벤트를 나타냅니다. 이러한 이벤트는 구매자에게 큰 할인 혜택을 제공하며 축제 및 쇼핑 시즌 기간 동안 쇼피 웹사이트와 쇼피 앱에서 배너가 노출됩니다.

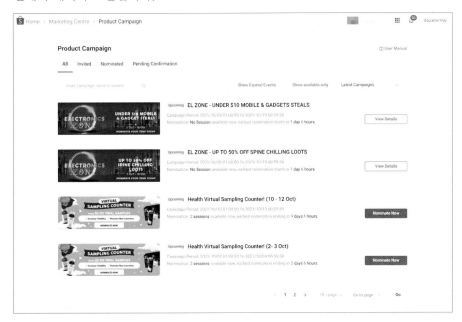

1-1 제품 캠페인 기준

상품을 추천할 때 추가 기준을 볼 수 있습니다. 가능하다면 제품 캠페인에 참여할 기회를 높이기 위해 아래 기준을 개선하는 것이 좋습니다.

❶ 쇼핑 기준
- 상점 유형: 상점이 여러 시장에서 판매되는지에 대한 제한이 있는지 확인합니다. Cross Border(CB)는 여러 시장에서 판매되는 상점을 의미하고 non-CB는 자체 시장 내에서 판매하는 상점을 의미합니다.
- 상점 평가: 좋은 상점 평가를 유지하십시오.
- 평균 준비 시간(APT): 주문을 준비하는 데 걸리는 시간을 최소화합니다.
- 선주문 목록의 백분율: 배송일(DTS)이 7일 이상으로 설정된 목록의 백분율을 최소화합니다.

❷ 제품 기준
- 최소 재고: 지정한 상품의 SKU 수준에서 이 수량의 재고가 있는지 확인합니다.
- 원래 가격: 할인 전 상품의 가격이 이 범위에 속하는지 확인합니다.

- 프로모션 가격: 이 범위 내에서 프로모션 가격을 설정합니다. 선택의 기회를 높이려면 최고의 가격을 제공하십시오.
- 상태: 제품이 새 제품인지 중고 제품인지를 나타냅니다.
- 할인 기준: 이 범위 내에서 할인 비율을 설정합니다. 더 높은 할인을 설정하면 기회를 높일 수 있습니다.
- 주문 기준: 판매된 항목을 나타냅니다. 판매량이 많은 제품은 인기도를 나타냅니다. 필요한 판매 수를 충족하는지 확인하십시오.
- GMV 기준: 제품의 전체 기간 또는 지난 30일 동안의 판매를 나타냅니다.
- 평균 일일 주문: 이것은 하루에 전체 평균 주문 수를 나타냅니다.
- '좋아요' 수: Shopee 앱의 내 상품 페이지에서 상품에 대한 '좋아요' 수를 확인합니다.
- 전환율(CR(%)): 판매자의 매장을 방문하는 순방문자 중 순구매자 수를 의미합니다. Business Insights에서 이것을 확인하십시오.
- 최대 DTS: 지정된 상품의 배송일(DTS)이 최대 DTS보다 작은지 확인하십시오.
- 상품 등급: 높은 상품 등급을 유지하여 선택될 가능성을 높입니다.
- 카테고리 제한: 일부 캠페인은 특정 상품 카테고리로 제한될 수 있으므로 판매자의 상품이 명시된 카테고리에 속하는지 확인하십시오.
- Shopee 서비스(SBS): 일부 제품 캠페인은 주문 이행, 재고 관리, 반품 처리 및 고객 서비스/상점 관리에 대한 종단 간 지원을 제공하는 초대 전용 프로그램인 SBS에 적격한 상품에만 열려 있습니다.
- 코인 캐쉬백(CCB): 일부 제품 캠페인은 캐쉬백 프로그램에 적격한 상품에만 열려 있습니다.
- 무료 배송(FSS): 일부 제품 캠페인은 무료 배송 프로그램 대상 상품에만 적용됩니다.

1-2 제품 캠페인(Product Campaign) 신청 방법

1 Seller Centre에 로그인 후 [Marketing Centre] - [Marketing Centre] - [Product Campaign]을 클릭합니다.

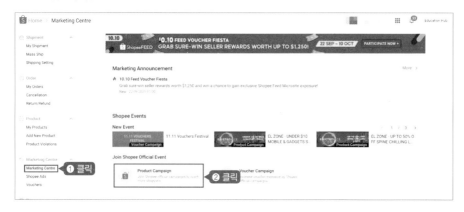

2 Product Campaign 페이지에서 신청 가능한 캠페인을 확인 후 클릭합니다.

3 Session Details 탭에 표시된 신청 조건을 확인합니다.

4 Shop & Product Criteria for Session 탭의 신청 조건을 확인 후 [Add Products]를 클릭하여 신청 상품을 선택 후 제출하면 신청이 완료됩니다.

5 아래 예제 이미지와 같이 제품 캠페인(Product Campaign) 신청 결과를 확인하실 수 있습니다.

2 _ Voucher Campaign

바우처 캠페인은 참여 판매자의 바우처를 제공하는 공식 쇼피 프로모션 이벤트를 말합니다. 이러한 이벤트는 구매자에게 좋은 거래를 제공하며 쇼피 웹사이트와 쇼피 앱에서 배너가 노출됩니다.

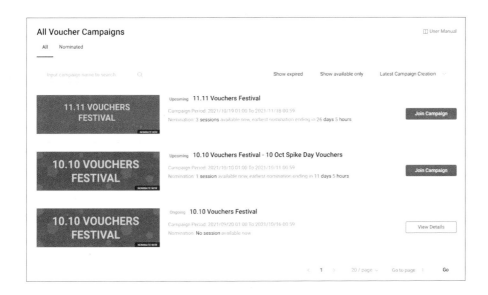

2-1 바우처 캠페인 기준 이해

바우처를 지명할 때 볼 수 있는 추가 기준에 대한 세부 정보는 다음과 같습니다. 가능하다면 바우처 캠페인에 참여할 기회를 높이기 위해 아래 기준을 개선하기 위해 노력하여야 합니다.

❶ 쇼핑 기준

- CB(Cross Border): CB는 여러 시장에서 판매되는 상점을 말하며, non-CB는 자체 시장 내에서 판매하는 상점을 의미합니다.
- 관리 판매자: 관리 판매자는 매장 운영을 지원하기 위해 직접 연락할 수 있습니다.
- 휴가 중 쇼핑: 상점이 휴가 모드로 설정된 경우 특정 바우처 캠페인에 대해 바우처를 추천하지 못할 수 있습니다.
- 상점 유형: 일반 판매자, 우선 판매자, 공식 상점 등 상점 유형에 제한이 있는지 확인합니다.
- 상점 평가: 좋은 상점 평가를 유지하십시오.
- 평균 준비 시간(APT): 주문을 준비하는 데 걸리는 시간을 최소화해야 합니다.
- 코인 캐시백(CCB): 일부 바우처 캠페인은 캐시백 프로그램에 참여하는 판매자에게만 열려 있습니다.
- 무료 배송(FSS): 일부 바우처 캠페인은 무료 배송 프로그램에 참여하는 판매자에게만 열려 있습니다.

❷ 바우처 기준

- **바우처 사용 수량**: 구매자가 상점에서 사용할 수 있는 바우처 수입니다.
- **최소 지출 금액**: 구매자가 바우처를 사용하기 전에 지출해야 하는 최소 금액입니다.
- **상품권 종류**: 상품권 종류에는 일정 금액 할인과 할인율 적용 상품권이 있습니다.
- **보상 유형**: 바우처 보상에는 고정 금액 할인, 백분율 할인 또는 코인 캐시백이 포함될 수 있습니다.
- **바우처 표시 설정**: 바우처는 모든 Shopee 페이지 또는 Shopee LIVE 및 Shopee Feed와 같은 특정 채널에 표시될 수 있습니다.

2-2 바우처 캠페인(Voucher Campaign) 신청 방법

1 Seller Centre에 로그인 후 [Marketing Centre] – [Marketing Centre] – [Voucher Campaign]을 클릭합니다.

2 All Voucher Campaigns 페이지에서 신청 가능한 바우처를 선택합니다.

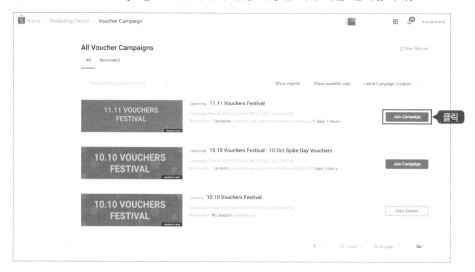

3 선택한 바우처 캠페인 중 신청할 바우처를 선택합니다.

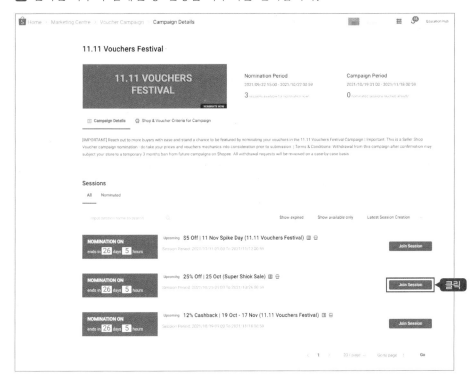

4 Session Details 탭에 표시된 신청 조건을 확인합니다.

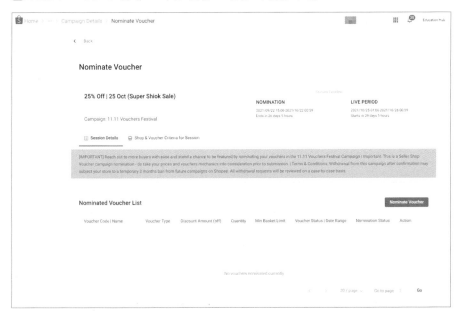

5 Shop & Product Criteria for Session 탭의 신청 조건을 확인 후 [Nominate Voucher]를 클릭합니다.

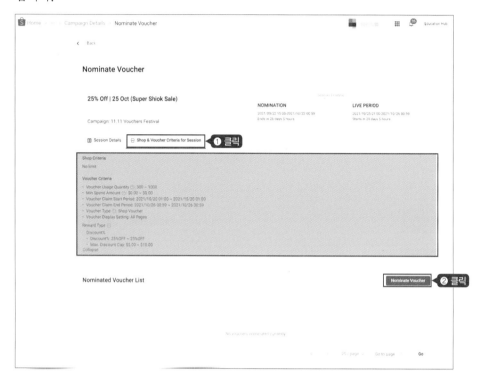

6 Nominate Voucher 팝업 창에서 진행 중인 바우처나 새로 바우처를 생성하여 신청할 바우처를 선택 후 제출하면 신청이 완료됩니다.

7 아래 예제 이미지와 같이 바우처 캠페인(Voucher Campaign) 신청 결과를 확인하실 수 있습니다.

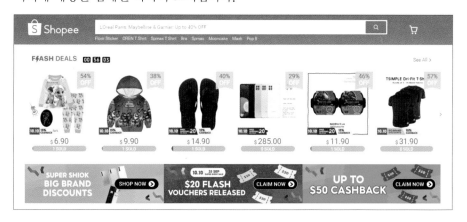

3 _ Shopee Flash Deal

쇼피에는 상품이나 샵을 노출할 수 있는 여러 마케팅 도구들이 많이 있지만 그중에서도 가장 많은 효과를 볼 수 있는 마케팅 도구를 뽑는다면 당연 Shopee Flash Deal 일 것입니다. 아래 이미지처럼 메인 페이지에 바로 노출되고 있고 메일링도 발송되기 때문에 그만큼 많은 쇼핑객이 방문하는 캠페인입니다. 하지만, 누구나 Shopee Flash Deal를 사용할 수 있는 것은 아니고 판매자가 신청 후 쇼피에서 승인을 하여야 진행되는 캠페인이기 때문에 선택된 판매자에게만 Shopee Flash Deal에 대한 상품을 추천할 수 있는 액세스 권한이 부여되며 액세스 권한이 부여되면 Shopee Flash Deal 페이지에 예정된 캠페인 목록이 표시됩니다.

다른 방법으로 참여할 수 있는 방식은 쇼피코리아 담당 매니저에게 Shopee Flash Deal 신청에 대해 문의하시면 자격 조건을 확인하여 참여 가능할 경우 다음과 같은 엑셀 파일을 전달할 것입니다.

엑셀 파일에 내용을 작성하여 쇼피코리아 담당 매니저에게 전달하면 담당 매니저는 Shopee Flash Deal 신청을 진행할 것이고 승인되면 참여 가능합니다.

❶ No: 상품 등록 순번입니다.

❷ Subcat Name(EN): 상품의 하위 카테고리 이름을 영문으로 입력합니다.

❸ SellerCenter ID: Seller Centre 로그인 ID를 입력합니다.

❹ Shop ID / ❺ Product id: 아래 예제를 확인하여 입력합니다.

　– Seller Centre에 로그인 후 [Product] – [My Products]을 클릭 후 등록된 상품의 우측 메뉴 중 [More] – [live Preview]을 클릭하여 상품 미리 보기 합니다.

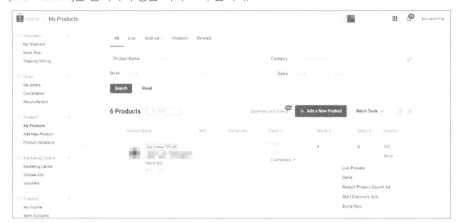

　– 상품 미리 보기에서 상단의 URL에 있는 Shop ID와 Product id 아래 이미지와 같이 확인합니다.

❻ Model ID: 쇼피에서 입력하니 입력하지 않습니다.

❼ Item Name(EN): 영문 상품명을 입력합니다.

❽ URL: 상품 페이지 URL을 입력합니다.

❾ Model Name: 상품 옵션 명을 행 별로 입력합니다.

❿ Original Price: 상품의 할인 전 가격을 현지 통화(SGD)로 입력합니다.

⓫ Lowest Price: 프로모션 할인가를 현지 통화(SGD)로 입력합니다.

⓬ QTY: 프로모션으로 진행할 판매 수량을 입력합니다.

⓭ Update Date: 상품 업데이트 일자를 입력합니다.

⓭번 이후의 내용은 쇼피에서 입력하는 부분이니 입력하지 않습니다.

엑셀 파일 작성이 완료되고 나면 담당 매니저에게 파일을 전달하여 Shopee Flash Deal 신청을 요청합니다.

신청한다고 하여 모두 선정되는 것이 아니므로 미리 아래의 Shopee Flash Deal에 참여할 수 있는 조건을 확인하기 바랍니다.

캠페인	참여조건
Shopee Flash Deal	• 판매자 패널티 포인트는 0으로 유지하고 있습니까? • 샵 판매 등급은 Mall 또는 Preferred Seller 인가요? • 채팅 응답 속도는 빠른가요? • 배송 이행률은 높은가요? • 늦은 배송률은 얼마인가요?

위 내용을 'Account Health'에서 확인하실 수 있으니 미리 확인하시고 신청하시길 추천드립니다.

Shopee

Shopee

운영 및 관리하기

01 주문 처리하기

이번 장에서는 주문이 들어왔을 때 처리하는 방법에 대해 설명하겠습니다. 기존의 아마존(FBM, 셀러 직접 발송)과 이베이의 경우 우체국을 통해 배송을 하였으나 아래 이미지와 같이 쇼피의 경우 자체 물류 시스템인 SLS(Shopee Logistics Service)을 통해 국내 집하지 물류센터로 택배 발송하면 해외 구매자까지의 배송은 쇼피에서 담당하게 됩니다. 그럼, 주문 처리 방법에 대해 알아보겠습니다.

1 _ 주문 내역 확인하기

주문이 들어오면 Seller Centre 메인 페이지의 "To Do List" 영역에 표시됩니다. 주문 내역을 확인하기 위해서는 [To Do List] – [To-Process Shipment]를 클릭하여 주문을 확인하실 수도 있고 좌측 메뉴 중 [My Shipment] 또는 [My Orders]를 클릭하여 주문 내역을 확인하실 수도 있습니다. 그럼, 주문 내역을 확인하는 방법에 대해 알아보겠습니다.

1 Seller Centre에 로그인 후 [To Do List] – [To-Process Shipment]를 클릭합니다.

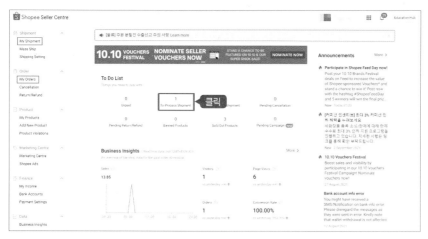

2 My Shipment 페이지의 "To Ship" 탭에서 들어온 주문의 [Order ID]를 클릭합니다.

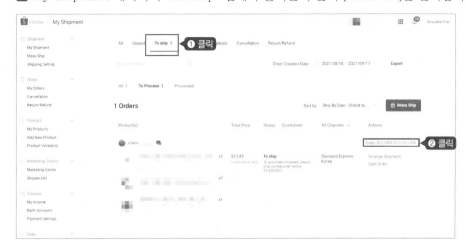

3 Order Details 페이지에서 주문에 대한 세부 정보를 확인하실 수 있습니다.

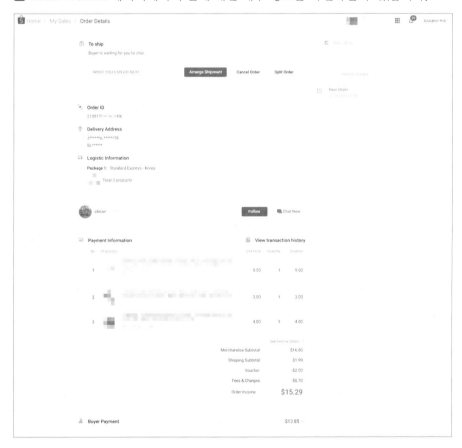

2 _ 송장 출력하기

주문 내역을 확인하였다면 쇼피 SLS 물류센터에서 사용할 송장을 출력하도록 하겠습니다. 이 송장
은 박스 겉면에 꼭 부착되어 있어야 쇼피 물류센터에서 스캔이 가능하니 주의하시기 바랍니다.

1 Order Details 페이지에서 [Arrange Shipment] 버튼을 클릭합니다.

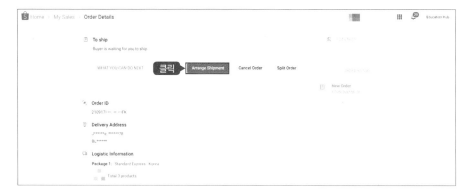

2 Dropoff Detail 팝업 창에서 집하지 주소와 연락처를 확인 후 [Print Waybill] 버튼을 클릭합니다.

3 새 창에 표시된 송장을 확인 후 [Print the Document]를 클릭합니다.

4 인쇄 팝업 창에서 프린터 확인 후 인쇄 버튼을 클릭합니다.

3 _ 배송 처리하기

주문 내역에서 송장을 출력하면 쇼피에서는 판매자가 상품을 준비하여 발송하는 단계로 변경이 됩니다. 판매자는 상품을 포장하여 집하지로 택배를 사용하여 발송하면 배송 처리는 완료됩니다. 이후의 배송 처리는 쇼피 SLS(Shopee Logistics Service) 물류 센터에서 해외 배송과 구매자까지의 배송을 담당하게 됩니다.

주문 처리는 주문 발생 익일로부터(주문 발생 시점은 판매 국가 현지 시간 기준) 2영업 일내에 셀러 센터 내에서 발송 처리(셀러 센터 〉 Order 〉 My Orders 〉 Arrange shipment 클릭 완료 시 To Ship에서 Shipping으로 진행 상태 변경) +2달력 일내에 집하지에서 바코드 스캔 완료(스캔 후 Shipped으로 자동 변경) 되어야 DTS(Days-To-Ship, 셀러 센터 내에서 발송 처리를 해야 되는 기간) 기간에 맞출 수 있으니 아래 주문 처리 기준을 확인하여 발송 처리하시기 바랍니다.

> **DTS(Day-To-Ship) 기준**
> - 월요일 주문 건: 화/수 (영업일 2일) + 목/금 (달력일 2일) = 금요일까지 집하지 도착 및 스캔
> - 화요일 주문 건: 수/목 (영업일 2일) + 금/토 (달력일 2일) = 토요일 오전까지 집하지 도착 및 스캔
> - 수요일 주문 건: 목/금/월 (영업일 3일) + 화/수 (달력일 2일) = 수요일까지 집하지 도착 및 스캔
> - 목요일 주문 건: 금/월 (영업일 2일) + 화/수 (달력일 2일) = 수요일까지 집하지 도착 및 스캔
> - 금요일 주문 건: 월/화 (영업일 2일) + 수/목 (달력일 2일) = 목요일까지 집하지 도착 및 스캔
> - 토요일 주문 건: 월/화 (영업일 2일) + 수/목 (달력일 2일) = 목요일까지 집하지 도착 및 스캔
> - 일요일 주문 건: 월/화 (영업일 2일) + 수/목 (달력일 2일) = 목요일까지 집하지 도착 및 스캔

그럼, 포장 방법과 배송 처리 현황에 대해 알아보겠습니다.

1 상품 포장은 아래 참고 이미지와 같이 상품 파손이 되지 않게 완충제 등을 사용하여 포장합니다.

2 박스 패킹 시에는 아래 참고 이미지와 같이 모든 부분을 테이핑 하여 내부가 보이지 않게 처리합니다.

3 아래 집하지 중 원하는 곳의 주소를 확인하여 택배 발송합니다. 이때 주의해야 하는 사항은 쇼피 송장이 훼손되지 않게 주의하여 택배 송장을 붙여야 하는 것입니다.

SLS 집하지	주소	집하지 시간	배송 기간	면세 한도
제1집하지(두라)	경기도 김포시 고촌읍 태리로 179번길 65 (태리 209-42) 대표 연락처 : 070-7404-9300	월~금요일 09:00~18:00	3~7Days	400 SGD
제2집하지(용성)	경기도 화성시 영천동 397-1 동탄 SK V1 센터 B141-B143 쇼피경기집하센터 대표 연락처 : 031-630-2051~2	토요일 09:00~12:00`		

4 아래 이미지는 판매자가 상품을 포장 후 국내 물류 센터로 발송 상태의 주문 화면입니다.

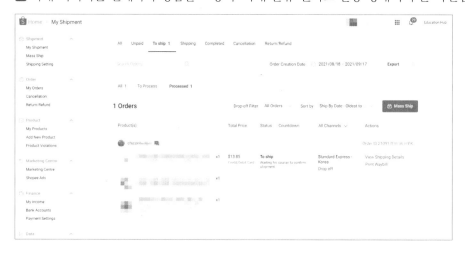

5 Order Details 페이지에서 현재 배송 현황을 확인하실 수 있습니다.

4 _ 배송 현황 확인하기

판매자가 발송한 택배가 쇼피 물류센터에 도착하면 배송 상태가 "To Ship"에서 "Shipped" 단계로 변경이 되고 쇼피 물류센터에서 해외로 발송을 시작합니다. 그럼, 배송 진행 현황에 대해 알아보겠습니다.

1 My Shipment 페이지의 "Shipping" 탭을 클릭 후 주문 내역의 [Order ID] 또는 [Check Details]를 클릭합니다.

❷ Order Details 페이지에서 "Logistic Information" 부분을 확인해 보면 현재 배송 진행 현황을 확인하실 수 있습니다.

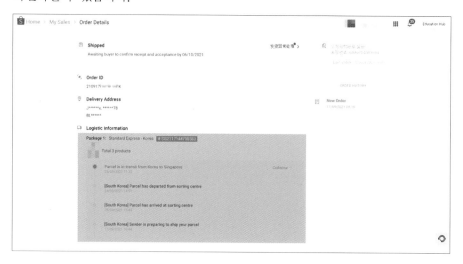

5 _ 주문 취소하기

쇼피에서 판매를 하다 보면 재고가 없어 주문을 취소해야 하는 경우도 있고 고객이 주문을 취소하는 경우도 있으며 상품이 쇼피 물류센터로 기간 안에 도착하지 않아 취소되는 경우, 배송 기간이 경과하여 취소되는 경우 등이 있습니다. 주문이 취소되는 유형은 아래의 4가지 형태입니다.

취소 유형	내용 및 패널티
자동 주문 취소	• Day to Ship(DTS) 기간 안에 셀러 센터 안에서 발송 처리가 되지 않으면 자동으로 주문이 취소됨 ※ 판매자는 상품 발송 후 꼭 셀러 센터에서 'To ship' 〉 'Shipping'으로 변경 처리해야 함
배송 기간 경과로 인한 취소	• 7일 이내 집하지에 상품이 도착하지 않을 경우 자동으로 주문 취소
셀러에 의한 주문 취소	• To Ship 상태의 주문 건들은 셀러가 직접 취소 가능 ※ 판매자가 취소하는 주문 건의 비율이 높아지면 페널티 부과됨
고객에 의한 주문 취소	• 고객이 주문을 취소하는 경우에는 페널티 부과 없음

구매자의 취소 요청이 있는 경우 판매자는 취소 요청에 대해 2일 이내에 응답해야 하며, 응답하지 않을 경우 쇼피 시스템에서 자동으로 구매자의 취소 요청을 수락하게 되며 취소 요청을 거부하거나 수락할지 여부를 결정하기 전에 주문 세부 정보 페이지에서 구매 취소 사유를 확인하실 수 있습니다. 그럼, 주문 취소 방법에 대해 알아보도록 하겠습니다.

1 Seller Centre에 로그인 후 [Shipment] – [My Shipment] – [To ship]을 클릭 후 주문 내역의 [Order ID]를 클릭합니다.

2 "Order Details" 페이지에서 [Cancel Order] 버튼을 클릭합니다.

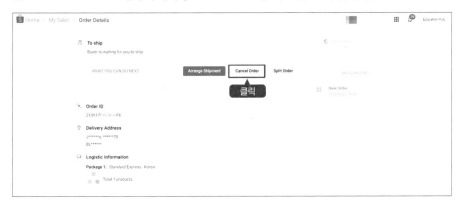

3 팝업 창에서 [Cancel Order] 버튼을 클릭합니다.

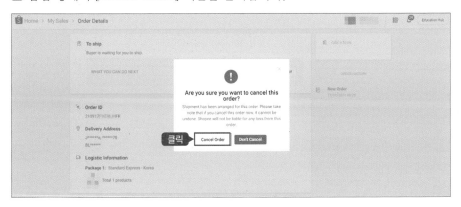

4 "Select Reason"에서 취소 사유를 선택 후 [Cancel This Order]를 클릭하여 주문을 취소합니다.

5 "Cancellation" 탭에서 취소된 주문 내역을 확인하실 수 있습니다.

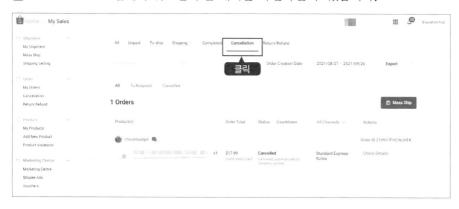

6 _ 반품 및 환불 처리하기

판매자가 상품을 발송 후 구매자의 요청으로 인해 반품 및 환불을 해야 하는 경우도 발생하게 됩니다. 이러한 반품 및 환불이 발생하면 상품을 다시 돌려받아야 하는데 이때 반품 배송비가 발생하게 되며 반품 배송비를 판매자가 부담해야 하니 판매자 입장에서는 여러모로 손해를 볼 수 있습니다. 반품 및 환불 요청이 들어왔다고 해서 무조건 반품 및 환불을 해주어야 하는 것은 아니며 정당한 사유가 있는 경우에는 반품 및 환불에 대해 승인을 하고 사유가 불분명할 경우에는 반품 및 환불에 대해 승인하지 않을 수 있습니다. 만약 판매자가 반품 및 환불에 대해 승인을 하지 않는 경우 쇼피에서는 중재 및 분쟁 해결을 진행하게 됩니다. 그럼, 반품 및 환불에 대해 알아보겠습니다.

6-1 반품 요청 승인하기

앞서 설명한 것과 같이 반품 요청을 승인한다는 것은 소비자에게 전액 환불하며 반품 배송비를 판매자가 부담한다는 것입니다. 반품을 줄이기 위해서 배송 중 파손 등을 고려하여 포장하여야 하고 정확한 상품을 발송하여야 하며 반품 사유를 확인하고 필요에 따라서는 사진을 요청해야 하는 경우도 있으니 무조건 반품 승인을 하는 것보다는 소비자와 협의 후 진행하는 것을 추천드립니다. 그럼, 반품 승인 방법에 대해 알아보겠습니다.

1 Seller Centre에 로그인 후 [To Do List] – [Pending Return/Refund] 또는 [Shipment] – [My Shipment] – [Return/Refund]을 클릭합니다.

2 반품 승인을 위해 [Response]를 클릭합니다.

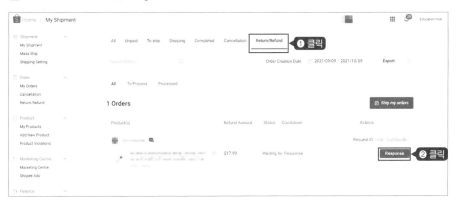

3 반품 요청 내용을 확인 후 [Accept]를 클릭합니다.

4 환불 내역을 확인 후 [Confirm]를 클릭하여 반품을 승인합니다.

6-2 반품 요청 취소하기

반품 요청이 있어 반품 사유 등을 확인하였는데 반품 사유가 명확하지 않은 경우 또는 소비자의 부주의로 인해 상품이 파손된 경우에는 반품 요청을 승인하지 않고 분쟁(Dispute) 케이스를 접수하여 해결할 수도 있습니다. 이때는 쇼피의 중재를 통해 책임 소재를 따져 케이스를 종료할지 아님 고객에게 전액 환불 처리할지를 결정하게 됩니다. 판매자는 분쟁(Dispute) 케이스를 접수하기 위해서 필요한 서류(배송 정보 등)을 제공하여야 하니 상품 발송 전 미리 포장 사진 등을 촬영하여 두는 것이 좋습니다. 그럼, 분쟁(Dispute) 케이스를 접수 방법에 대해 알아보겠습니다.

1 Seller Centre에 로그인 후 [To Do List] - [Pending Return/Refund] 또는 [Shipment] - [My Shipment] - [Return/Refund]을 클릭 후 반품 요청 내역에서 [Response]을 클릭합니다.

2 분쟁(Dispute) 케이스를 접수하기 위해 [Dispute to Shopee]를 클릭합니다.

3 [Confirm]을 클릭하여 분쟁(Dispute) 케이스를 쇼피에 접수합니다.

4 분쟁(Dispute) 케이스에 소명할 자료를 업로드 후 [Submit] 버튼을 클릭합니다.

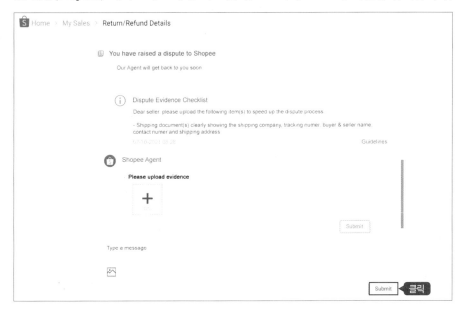

6-3 반품 및 환불 요청 완료 내용 확인하기

반품 및 환불 요청에 대해 승인 또는 취소한 경우 "Return/Refund" 탭에서 아래 이미지와 같이 확인하실 수 있습니다.

02 정산 및 인출하기

쇼피에서 판매한 판매 대금은 쇼피에서 보유하고 있다가 정산 일정에 맞추어 판매자가 등록한 페이오니아 계좌로 송금을 하며 판매자는 페이오니아 계좌에서 인출하여 한국의 외환 통장 등으로 입금 받을 수 있습니다. 쇼피의 정산 프로세스와 정산 일정, 인출 방법에 대해 알아보겠습니다.

위 이미지와 같이 쇼피에서 판매된 상품이 구매자에게 도착 후 구매자가 구매 확정을 하면 페이오니아 계좌로 1 영업일 정도에 송금 받게 되며 판매자는 페이오니아에 등록한 한국 은행으로 인출을 받을 수 있습니다.

아래의 표는 쇼피의 정산 주기이며 수취할 수 있는 통화를 정리한 내역이니 참고하시기 바랍니다.

구분	싱가포르	그외 마켓	수취통화		
			마켓	수취통화	인출 가능 통화
정산 일정	구매 확정일 기준 매주 정산 • 1주차 구매 확정 건 : 해당 월 2주차 정산 • 2주차 구매 확정 건 : 해당 월 3주차 정산 • 3주차 구매 확정 건 : 해당 월 4주차 정산 • 4주차 구매 확정 건 : 익월 1주차 정산	구매 확정일 기준 월 2회 정산 • 1~15일 사이 구매확정 건 : 해당 월 3~4주 차 정산 • 16~31일 구매확정 건 : 익월 1~2주 차 정산	SG	SGD	KRW | SGD
			ID	IDR	KRW
			기타	USD	KRW | uSd

1 _ 전체 정산 내역 확인하기

정산 주기가 아니어도 정산 내역에 대해 세부적으로 확인하실 수 있으며 각종 수수료 부과 내역도 확인하실 수 있습니다. 그중 전체 정산 내역은 정산 받을 내역과 송금된 내역 등에 대해 알아보겠습니다.

1 Seller Centre에 로그인 후 [Finance] – [My Income]을 클릭합니다.

2 정산 내역을 확인하기 위해 쇼피 로그인 패스워드를 입력 후 [Verify]를 클릭합니다.

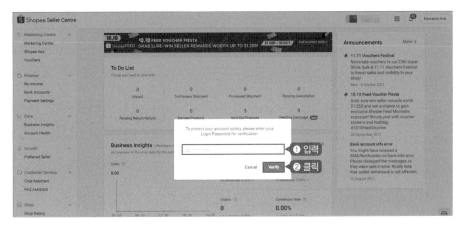

3 "Income Overview" 페이지에서 정산 내역을 확인하실 수 있습니다.

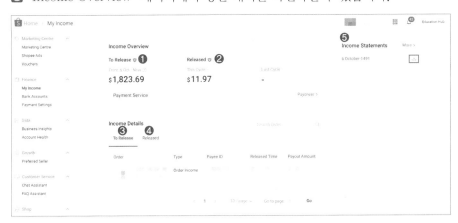

❶ To Release: 정산 예정 잔액을 확인하실 수 있습니다.

❷ Released: 정산 받은 금액을 확인하실 수 있습니다.

❸ To Release: 정산 예정 내역 리스트를 확인하실 수 있습니다.

❹ Released: 정산 받은 내역 리스트를 확인하실 수 있습니다.

❺ Income Statements: 정산 받은 내역의 수수료, 송금 금액 등의 세부 내역서를 확인하실 수 있습니다.

④ [Income Statements]의 정산 내역서를 클릭하면 아래 이미지와 같이 정산 내역서를 확인하실 수 있습니다. "Action" 부분의 다운로드 버튼을 클릭합니다.

⑤ 정산 내역서에 정산된 내역과 수수료 부과 내역, 송금 금액을 세부적으로 확인하실 수 있습니다.

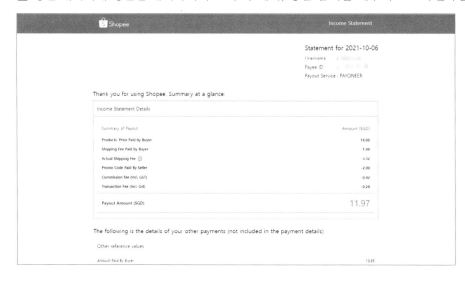

2 _ 개별 정산 내역 확인하기

전체 정산 내역에서 정산 받을 금액에 관련된 전체 내역이나 정산 받은 금액에 대한 전체 내역을 확인하실 수 있었다면 개별 정산 내역에서는 판매된 상품별로 판매 금액, 판매 수수료, 정산 금액 등의 내역을 주문 건 별로 확인하실 수 있는 메뉴입니다. 그럼, 개별 판매 내역의 세부 정산 내역에 대해 알아보겠습니다.

1 Seller Centre에 로그인 후 [Finance] – [My Income]을 클릭 후 "Income Details"에서 [Released] 탭을 클릭하여 개별 정산 내역을 확인 후 "Payout Amount" 부분의 건 별 정산 금액을 클릭합니다.

2 건 별 정산 내역의 판매 금액, 수수료 내역 등을 확인합니다.

3 _ 판매 대금 인출하기

쇼피의 정산 일정에 따라 쇼피에서 판매 대금을 페이오니아로 송금하여 줍니다. 이 송금 받은 판매 대금을 한국의 외환 계좌 등으로 인출하면 3~5일 정도 소요 후 외환이 입금되는 프로세스입니다. 그럼, 페이오니아 인출 방법에 대해 알아보겠습니다.

1 페이오니아(https://www.payoneer.com/ko/)에 접속 후 오른쪽 상단의 [로그인하기]를 클릭하여 로그인 페이지에 접속 후 아이디와 비밀번호를 입력 후 [로그인]을 클릭합니다.

2 페이오니아 메인 페이지에서 "잔액" 부분의 싱가포르 달러(SGD) 밑의 [인출하기] 버튼을 클릭합니다.

3 "은행으로 인출하기" 페이지에서 인출할 외환과 인출 금액을 입력 후 [검토] 버튼을 클릭합니다. 이때 페이오니아 인출 수수료가 발생하니 수수료 내역을 꼭 확인하는 것이 좋습니다.

4 인출 세부 내역을 확인 후 [인출하기] 버튼을 클릭합니다.

5 인출을 완료하기 위해서는 페이오니아에 등록했던 휴대폰 번호로 인증 코드를 받아 인증 코드를 입력 후 [제출] 버튼을 클릭합니다.

6 인출 신청이 완료되었으며 영업일 2~3일 후에 한국의 외환 계좌로 입금됩니다.

7 인출한 내역을 확인하려면 [활동] – [거래 내역]을 클릭합니다.

8 "거래 내역" 페이지에서 인출한 내역 등을 확인하실 수 있습니다.

03 채팅 활용하기

쇼피에서 마케팅 이외에 판매를 위한 중요한 활동은 채팅입니다. 쇼핑객은 상품에 대해 궁금한 사항이 있는 경우 채팅을 통해 판매자에게 문의를 하게 되는데 채팅 활동만 잘하여도 판매를 높일 수 있는 하나의 마케팅 방법이라고 할 수 있습니다. 또한 채팅 응답률은 Preferred Seller 평가 점수에 들어가는 부분이니 중요하게 관리하는 것이 좋습니다.

1 _ 채팅 설정하기

채팅 설정에서는 고객이 채팅 요청 시 자동으로 응답하는 메시지, 응답 가능 시간, 자동 응답 메시지 등을 설정할 수 있으며 "Shop Settings"에서 차단한 사용자 관리도 할 수 있습니다.

1 Seller Centre에 로그인 후 [Customer Service] – [Chat Assistant]을 클릭합니다.

2 "Chat Assistant" 페이지에서 [Auto-reply] 탭을 클릭 후 "기본 자동 응답(Default Auto-Reply)" 메뉴를 활성화합니다.

3 "기본 자동 응답(Default Auto-Reply)"의 자동 응답 메시지 입력을 위해 [Edit] 버튼을 클릭합니다.

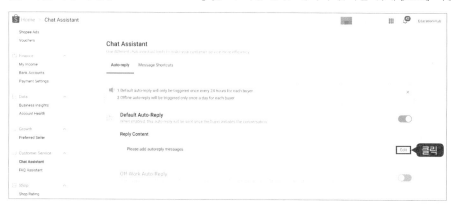

4 채팅 시작 시 표시할 "기본 자동 응답(Default Auto-Reply)" 메시지 내용을 입력 후 [Save] 버튼을 클릭하여 자동 응답 메시지를 저장합니다.

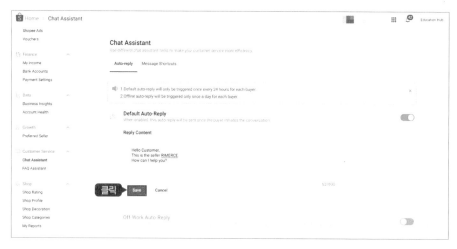

5 "근무 시간 외 자동 회신(Off-Work Auto-Reply)"을 활성화하고 "답글 내용(Reply Content)" 메시지 수정 및 근무 시간 설정(Working Hours Setting)을 합니다. 이 메뉴를 활성화하면 구매자가 근무 시간 외에 대화를 시작할 때 자동 회신 메시지가 전송됩니다.

6 "Message Shortcuts" 탭에서는 자주 보내는 메시지에 대한 템플릿 8개를 미리 만들 수 있습니다. 메시지 생성을 위해 [Shortcuts]를 클릭합니다.

7 Create Shortcuts 페이지에서 생성한 템플릿 이름과 메시지 내용을 입력 후 [Save]를 클릭하면 자주 사용하는 메시지 내용을 생성할 수 있습니다.

8 또한, [Shop Settings] - [Chat Settings]에서 채팅에 필요한 사항을 설정할 수 있습니다.

❶ Shop Settings에서 Chat Settings를 클릭합니다.

❷ Allow Negotiations: "협상 허용" 메뉴로 활성화하면 구매자가 구매에 대한 제안을 할 수 있습니다. 비활성화된 경우 구매자는 더 이상 상품 구매에 대한 제안할 수 없습니다.

❸ Accept Chat From Profile Page: "프로필 페이지에서 채팅 수락" 메뉴로 사람들이 판매자의 프로필 페이지를 통해 판매자와 채팅을 시작할 수 있도록 할 수 있습니다.

❹ Blocked Users: "차단된 사용자" 관리 메뉴로 채팅에서 차단한 사용자를 관리할 수 있습니다.

2 _ 채팅 활용하기

쇼피 채팅은 Seller Centre 어디서든 오른쪽 하단의 [Chat] 버튼을 클릭하여 채팅을 시작할 수 있습니다. 앞서서 설명한 것 같이 채팅 응답률은 Preferred Seller 평가 점수에 포함되니 빠른 시간 안에 답변하는 것이 좋습니다.

1 Seller Centre 메인 페이지에서 [Chat]를 클릭하여 확인한 채팅 창 화면

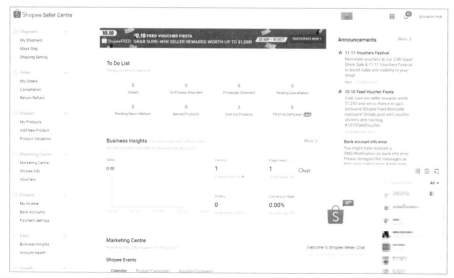

2 주문 내역 등에서 확인한 채팅 창 화면

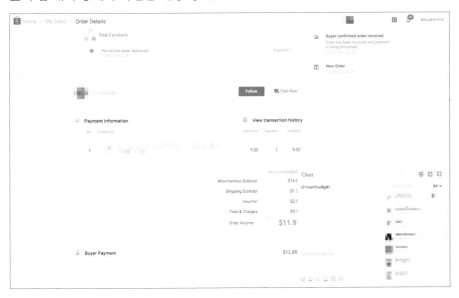

3 _ FAQ Assistant 활용하기

고객이 자주 질문하는 내용을 아래 이미지와 같이 미리 FAQ 형식으로 만들어 채팅 창에 보이게 할 수 있습니다. 고객들은 미리 생성된 FAQ를 확인하고 답변을 확인할 수 있기 때문에 질문을 줄일 수 있는 방법입니다.

FAQ는 일반적인(General) 질문, 제품(Product)에 대한 질문, 주문(Order)에 대한 질문에 대해 생성할 수 있습니다.

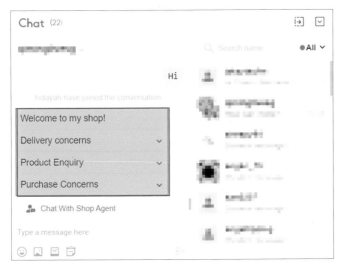

FAQ Assistant 설정 방법은 다음과 같습니다.

1 Seller Centre에 로그인 후 [Customer Service] – [FAQ Assistant]을 클릭 후 FAQ 생성을 위해 [Create General FAQ]을 클릭합니다.

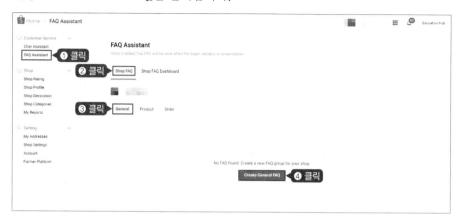

2 FAQ Detail 페이지에서 생성한 내용을 작성 후 [Save] 버튼을 클릭하면 FAQ가 생성됩니다.

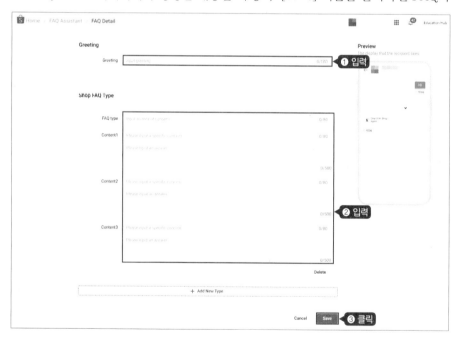

04 Reports 활용하기

쇼피에는 조회수(Views)와 방문자 통계(Visitor Statistics) 데이터를 확인할 수 있는 메뉴가 있습니다. 이 데이터를 통해 방문자를 분석하여 상품 컨텐츠 개선, 광고 개선 등을 할 수 있습니다. 판매를 위한 중요한 지표이니 실적 데이터를 확인하여 판매 전환율을 높이시길 바랍니다.

1 _ Business Insights

비즈니스 인사이트(Business Insights)는 쇼피 앱과 셀러 센터에서 제공하는 툴로, 샵의 매출 지표와 성과를 전반적으로 분석할 수 있으며 판매 동향 및 실적에 대한 포괄적인 개요를 제공합니다. 비즈니스 인사이트(Business Insights)를 확인하려면 Seller Centre에 로그인 후 [Data] – [Business Insights]를 클릭합니다.

1-1 대시보드(Dashboard) 탭

대시보드(Dashboard) 탭에서는 샵 전체 매출, 전환율, 인기 상품과 같은 핵심 지표와 샵의 동향 전반을 확인하실 수 있습니다.

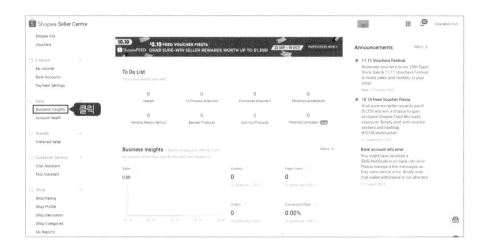

주요 지표(Key Metrics)

주요 지표(Key Metrics)에서는 판매금액, 주문 내역, 구매 전환율, 방문자, 페이지 조회수 등을 한 눈에 확인하실 수 있습니다.

구매자 지표(Buyers)

구매자 지표(Buyers)에서는 총 구매자, 신규 구매자, 기존 구매자 등 구매자 현황을 확인하실 수 있습니다.

판매 상품 랭킹(Product Rankings)

판매 상품 랭킹(Product Rankings)에서는 판매하는 상품의 랭킹과 판매하는 카테고리의 랭킹을 확인하실 수 있습니다.

1-2 트래픽(Traffic) 탭

트래픽(Traffic) 탭에서는 상품 조회 수와 방문자 통계를 통해 상품의 노출 등에 대한 지표를 확인할 수 있어 상품 컨텐츠 수정 방향을 잡을 수 있으니 참고하여 상품 컨텐츠 최적화를 하시기 바랍니다.

개요(Overview)

앱과 PC 모두에서 샵 및 상품 상세 페이지의 트래픽 성능을 분석합니다.

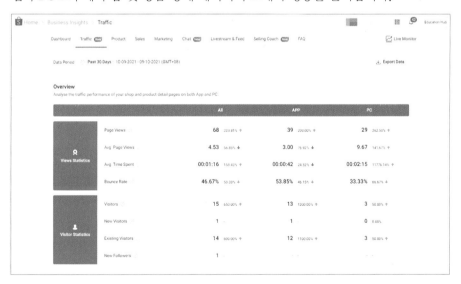

메트릭 트랜드(Metric trend)

메트릭 트랜드(Metric trend)에서는 접속한 단말기 정보, 조회수 통계, 방문자 통계 등의 데이터를 확인하실 수 있습니다.

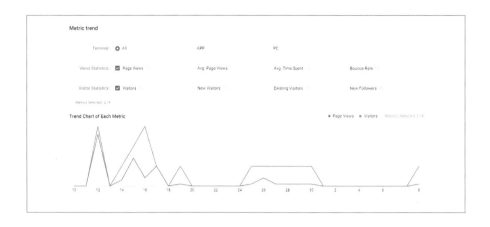

1-3 상품(Product) 탭

상품(Product) 탭에서는 상품을 클릭하여 들어온 방문자 정보, 상품을 장바구니에 추가한 정보, 상품 순위 등의 상품에 대한 데이터를 확인할 수 있는 메뉴로 판매하고 있는 상품의 순위 등을 참고하여 광고 부분에 활용하면 도움이 됩니다.

상품 탭은 3가지 섹션으로 전반적인 데이터를 확인하실 수 있습니다.

- 오버뷰(Overview): 여러분 상품에 대한 고객의 행동을 전반적으로 이해할 수 있습니다.
- 성과(Performance): 개별 상품에 대한 성과를 이해하도록 돕습니다.
- 진단(Diagnosis): 개선해야 할 영역을 이해하도록 돕습니다.

상품 개요(Product Overview)

상품의 방문자, 장바구니 추가 내역 등의 데이터를 수치로 확인하실 수 있습니다.

메트릭 트랜드(Metric trend)

상품 탭의 메트릭 트랜드(Metric trend)에서는 원하는 내역을 선택하여 그래프로 확인하실 수 있는
메뉴입니다.

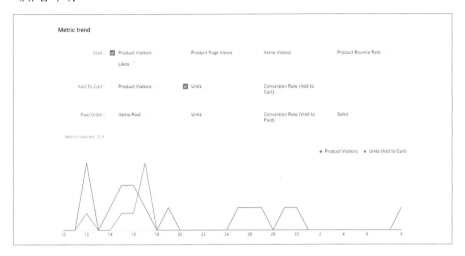

상품 순위(상위 10) (Product Rankings (Top 10))

상품 순위에서는 상위 10개의 상품에 대해 방문자별, 조회수별, 판매별 등으로 구분하여 확인하실
수 있습니다.

1-4 판매(Sales) 탭

판매(Sales) 탭에서는 방문자 대비 구매자에 대한 전환율 등을 확인하실 수 있는 탭입니다. 판매 탭
은 오버뷰(Overview)와 컴포지션(Composition) 두 개의 섹션으로 구성되어 있으며 오버뷰는 여러
분의 샵에 몇 명이 방문했고, 방문자 중 몇 명이 실제 구매자로 전환되었는지 보여줍니다. 컴포지션
은 카테고리 컴포지션(Category Composition), 주문액 컴포지션(Order Price Composition), 구매
자 컴포지션(Buyers Composition)으로 나눠집니다.

판매 개요(Sales Overview)

판매 개요(Sales Overview)에서는 방문 대비 구매 전환율에 대한 데이터를 확인하실 수 있습니다.

메트릭 트랜드(Metric trend)

메트릭 트랜드(Metric trend)에서는 원하는 내역을 선택하여 그래프로 확인하실 수 있는 메뉴입니다.

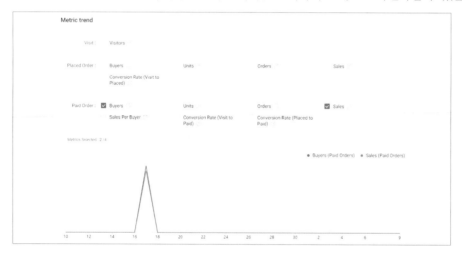

1-5 마케팅(Marketing) 탭

마케팅(Marketing) 탭에서는 바우처 등을 사용하여 구매로 전환된 내역을 확인하실 수 있습니다. 하단의 "할인 프로모션 개요(Discount Promotion Overview)"를 참조하면 상품이 어떠한 프로모션 으로 판매되었는지 확인하실 수 있습니다.

마케팅 탭은 아래 5개의 항목으로 구성되어 있습니다.

- 할인 프로모션(Discount Promotions)
- 번들 딜(Bundle Deal)
- 팔로우 프라이즈(Follow Prize)
- 바우처 발행(Vouchers)
- 추가 품목 할인(Add-on Deal)

1-6 채팅(Chat) 탭

채팅(Chat) 탭은 고객 문의율, 응답률과 전환율을 분석하여 보여주는 탭입니다.

채팅 개요(Chat Overview)

고객과 채팅한 내역을 데이터화하여 보여주는 영역입니다.

메트릭 트랜드(Metric trend)

메트릭 트랜드(Metric trend)에서는 원하는 내역을 선택하여 그래프로 확인하실 수 있는 메뉴입니다.

1-7 실시간 스트리밍 및 피드(Livestream & Feed) 탭

실시간 스트리밍 및 피드(Livestream & Feed)에서는 라이브 스트리밍으로 통해 진행한 데이터와 포스팅한 내역에 대한 데이터를 분석하여 보여줍니다.

1-8 판매 코치(Selling Coach) 탭

판매 코치(Selling Coach)는 제품에 대한 수요 증가 영역을 식별하는 데 도움이 되는 Business Insights의 기능입니다 .

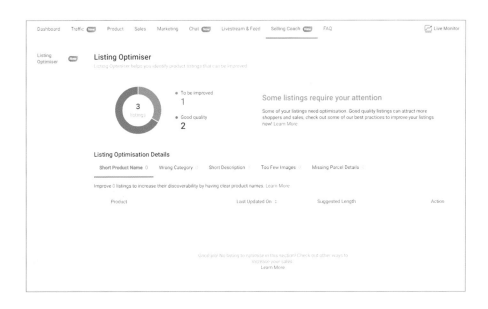

2 _ My Reports

마이 리포트(My Reports)는 지난 6개월 동안 주문, 배송, 정산 등에서 리포트를 다운로드 받았던 내역을 확인하실 수 있으며 필요하다면 마이 리포트(My Reports)에서 다시 다운로드 받을 수 있습니다. 각 탭별로 내역을 받을 수 있으며 리포트를 생성하는 곳은 각 메뉴의 [Export]를 통해 받을 수 있습니다.

❶ Order Export: 주문 정보에 대해 다운로드 받을 수 있으며 [Order] – [My Order]에서 받을 수 있습니다.

❷ Shipping Document: 배송 정보에 대해 다운로드 받을 수 있으며 [Shipment] – [My Shipment]에서 받을 수 있습니다.

❸ Seller Balance Report: 판매자 잔고에 대해 다운로드 받을 수 있습니다.

❹ Income Report: 정산 받은 내역을 다운로드 받을 수 있으며 [Finance] – [My Income]에서 받을 수 있습니다.

❺ Marketing Center Report: 쇼피 광고 내역을 다운로드 받을 수 있으며 [Marketing Centre] – [Shopee Ads] 등에서 다운로드 받을 수 있습니다.

❻ Business Insights Reports: 비즈니스 인사이트에 대한 내역을 받을 수 있으며 [Data] – [Business Insights]에서 받을 수 있습니다.

05 계정 관리하기

내 계정에 대한 정보를 확인할 수 있는 계정 상태(Account Health), Preferred Seller 자격 조건 확인 등 판매자 계정에 대한 정보를 확인하실 수 있는 메뉴가 있습니다. 각 메뉴를 확인하여 부족한 부분을 채워나가면 Preferred Seller 등의 자격이 충족되어 판매 증대에 도움을 받을 수 있습니다. 각 메뉴별 계정 상태에 대해 알아보겠습니다.

1 _ Account Health

계정 상태(Account Health)는 현재 및 과거 실적을 추적하여 전체 실적에 대한 개요를 제공하며 쇼피의 판매자 성과 목표를 얼마나 잘 충족하고 페널티 포인트를 얻지 않는지를 측정합니다. 운영 및 성과를 바탕으로 Preferred Seller가 되면 쇼피의 판매 프로그램에 가입하여 더 많은 혜택을 누릴 수 있습니다. 계정 상태(Account Health)를 확인하여 미비한 부분을 높일 수 있도록 노력하는 것이 중요합니다. 계정 상태(Account Health)는 Seller Centre에 로그인 후 [Data] – [Account Health]를 클릭합니다.

이번 분기 페널티 포인트(Penalty Points This Quarter)

페널티 포인트 내역에서는 내가 받은 페널티 내역을 확인하실 수 있습니다. 페널티 포인트 내역은 분기말까지 기록에 남으며 매 분기(1월, 4월, 7월, 10월) 첫 번째 월요일에 초기화됩니다.

개선해야할 사항(Issues to Improve)

개선해야할 사항에서는 리스팅 위반에 따라 벌점, 배송 지연으로 인한 벌점 등을 확인하실 수 있습니다.

리스팅 위반(Listing Violations)

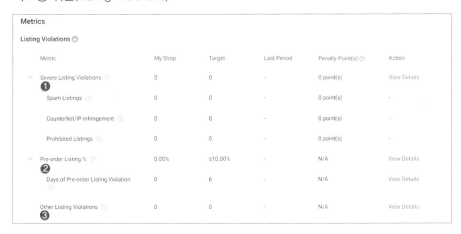

❶ Severe Listing Violations: 쇼피 정책을 심각하게 위반하는 경우 목록이 삭제됩니다. 정책을 위반하는 판매자는 판매자 페널티 포인트 시스템에 따라 페널티 포인트를 받게 되며 2018년 5월 7일부터 스팸 및 금지 목록 또는 위조 목록이 많은 판매자는 페널티 포인트 2점을 받습니다.

- Spam Listings: 스팸 목록에는 검색 결과를 조작하는 데 사용되는 관련성이 없고 오해의 소지가 있는 정보가 포함되어 있는 경우.
- Counterfeit/IP infringement: 판매자는 정품만 나열하여야 함.
- Prohibited Listings: 금지 목록은 쇼피에서 허용되지 않는 상품임.

❷ Pre—order Listing %: 전체 라이브 목록 중 라이브 예약 주문 목록의 비율입니다.
- Days of Pre—order Listing Violation: 지난 30일 동안 예약판매 비율이 목표치를 초과한 일수.

❸ Other Listing Violations: 잘 못된 카테고리에 상품을 등록하는 경우, 이미지 품질이 좋지 않은 경우, 설명이 정확하지 않거나 현지 규정에서 요구하는 세부 정보가 불충분한 경우, 리스팅 요구 사항을 충족하지 않는 경우 리스팅이 일시 중단되거나 삭제될 수 있습니다.

배송 현황(Fulfilment)

미처리 비율은 지난 7일 동안 취소되거나 반품된 주문의 비율(총 주문 중)입니다. 미처리율을 계산할 때 판매자가 취소한 주문만 고려하며 미이행율은 취소율과 반품환급율의 합이기도 합니다. 배송 지연 비율은 지난 7일 동안 늦게 배송된 주문(총 주문 중)의 비율이며 배송 지연 비율을 2% 미만의 수준으로 유지해야 합니다. 배송 지연율이 〈10.00%를 초과하는 경우 판매자 패널티 포인트 시스템에 따라 패널티 포인트를 받게 됩니다. 〈10.00%를 초과하고 지연 배송된 주문의 수가 매우 많은 〈〉=50개 주문) 판매자에게는 1개의 추가 페널티 포인트가 부여됩니다.

Fulfilment ❶

Metric	My Shop	Target	Last Period	Penalty Point(s) ⓘ	Action
∨ Non-fulfillment Rate ⓘ	-	<10.00%	-	0 point(s)	View Details
Cancellation Rate ⓘ	-	<5.00%	-	N/A	View Details
Return-refund Rate ⓘ	-	<5.00%	-	N/A	View Details
Late Shipment Rate ⓘ	-	<10.00%	-	0 point(s)	View Details
Preparation Time ⓘ	6.22days	<2.00 days	6 22days	N/A	View Details

고객 서비스(Customer Service)

채팅 응답률은 판매자가 수신 후 12시간 이내에 응답한 새 채팅 및 제안(전체 중)의 비율이며 자동응답은 채팅 응답률 계산에 포함되지 않습니다. 채팅 응답 시간은 판매자가 구매자의 채팅 메시지에 응답하는 데 걸리는 평균 시간입니다.

Customer Service ❶

Metric	My Shop	Target	Last Period	Penalty Point(s) ⓘ	Action
Response Rate ⓘ	57.00%	≥70.00%	-	N/A	View Details
Response Time ⓘ	-	<1.00 days	-	N/A	View Details

고객 만족(Customer Satisfaction)

전체 리뷰 평점은 구매자가 제출한 모든 주문 평점의 평균을 뜻합니다.

2 _ Preferred Seller 자격 조건 확인

Preferred Seller 프로그램은 우수한 판매 및 운영 성과를 인정받아 쇼피가 선택한 판매자에게 혜택을 제공하며 Preferred Seller가 될 경우 판매자 샵 및 프로필에 Preferred Seller 배지가 노출됩니다. Preferred Seller가 되면 여러 가지 이점이 있는데 그 중 검색 순위가 높아진다는 점이 가장 좋은 점입니다. Preferred Seller 자격 확인은 Seller Centre에 로그인 후 [Growth] – [Preferred Seller]를 클릭합니다.

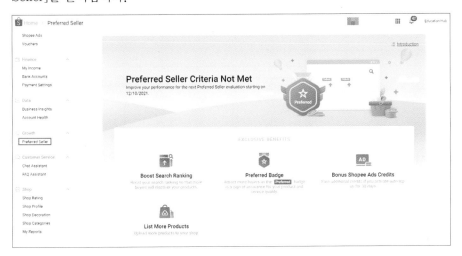

Preferred Seller 프로그램 페이지 상단에 Preferred Seller의 혜택들이 표시되고 하단에는 아래 이미지와 같이 현재까지 달성한 성과를 보여 줍니다. 성과 내역에서 부족한 부분이 채워지면 Preferred Seller 자격이 됩니다.

Weekly Performance (Updated on 05/10/2021)				
Metric	My Shop	Onboard Target	Status	Actions
❶ Unique Buyers ⑦	1	≥ 10	⊘ Didn't Pass	-
❷ Net Orders ⑦	1	≥ 30	⊘ Didn't Pass	-
❸ Chat Response Rate ⑦	57.00%	≥ 75.00%	⊘ Didn't Pass	-
❹ Shop Rating ⑦	5.00	≥ 4.60	⊘ Passed	-
❺ Non-Fulfilment Rate ⑦	0.00%	≤ 4.99%	⊘ Passed	View Details
❻ Late Shipment Rate ⑦	0.00%	≤ 4.99%	⊘ Passed	View Details
❼ Penalty Points ⑦	0	≤ 0	⊘ Passed	View Details
❽ Days of Pre-Order Listing Violation ⑦	0	≤ 0	⊘ Passed	-
❾ Ongoing Penalty ⑦	NO	NO	⊘ Passed	View Details

❶ Unique Buyers: 취소, 반품 및 환불된 주문을 제외하고 지난 30일 동안 주문을 한 구매자 수입니다.

❷ Net Orders: 취소. 반품 및 환불된 주문을 제외한 지난 30일 동안의 총 주문 수입니다.

❸ Chat Response Rate: 지난 90일 동안 판매자가 수신 후 12시간 이내에 응답한 새 채팅 및 제안의 비율입니다. 자동 응답은 채팅 응답률 계산에 포함되지 않습니다.

❹ Shop Rating: 구매자가 제출한 모든 제품 평가의 평균입니다.

❺ Non-Fulfilment Rate: 지난 7일 동안 판매자의 잘못으로 인해 취소 및 환불/반품된 주문의 비율(총 주문 중)입니다. 취소된 주문에는 판매자 개시 취소 및 시스템 취소가 포함됩니다.

❻ Late Shipment Rate: 지난 7일 동안 늦게 배송된 주문의 비율(총 배송된 주문 중)입니다. 주문 내역에 표시된 배송 기한 이후에 배송된 경우 배송이 지연된 것으로 간주됩니다.

❼ Penalty Points: 이행. 목록 및 고객 서비스 영역에서 성과 목표를 충족하지 못하여 받은 점수입니다.

❽ Days of Pre-Order Listing Violation: 지난 30일 동안 선주문 목록 비율이 임계값을 초과한 일 수입니다.

❾ Ongoing Penalty: 판매자에게 지속적인 처벌이 있는지 여부를 표시합니다.

3 _ Shop Rating

샵 레이팅(Shop Rating)은 상점 내 모든 상품의 평가로 구매자가 남긴 리뷰, 셀러 평가 등에 대해
확인하실 수 있으며 답변(Reply)을 남길 수도 있습니다.

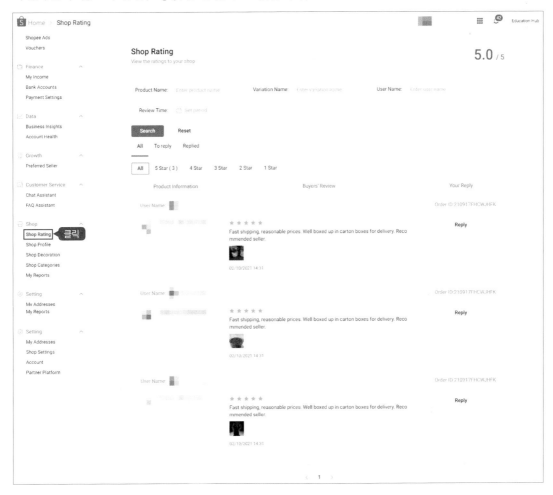

Shopee

Shopee

06

수출 신고

01 수출 신고 절차

수출신고를 하는 방법으로는 관세사를 통하여 수출신고하는 방법과 관세청 유니패스(https://unipass.customs.go.kr/)를 통해 판매자가 직접 수출신고를 하는 방법이 있습니다. 쇼피에서 들어온 주문 건 등에 대해서도 수출 신고를 하는 것이 부가가치세 환급이나 정부지원 등의 여러 가지 혜택을 받을 수 있기 때문에 수출 신고를 하는 것이 좋습니다. 쇼피를 통해 판매된 주문 건에 대해 수출신고는 하는 것은 일반 수출 신고가 아닌 간이 전자상거래 수출 신고로 유트레이드허브(uTradeHub, https://cbt.utradehub.or.kr/)을 통해 간이 전자상거래 수출 신고를 이용하면 쉽고 간편하게 수출 신고를 할 수 있습니다. 이번 장에서는 uTradeHub을 통해 수출 신고하는 방법에 대해 알아보겠습니다.

1 _ 수출신고하면 좋은 점

글로벌 셀러들은 소포 수령증과 매출 내역서 등을 토대로 부가가치세 환급을 받고는 있지만 수출신고를 하지 않아 실제 수출임에도 불구하고 수출 기업으로써의 혜택을 받지 못하고 있는 것이 현실입니다. 쇼피 주문건에 대해 수출신고를 하게 되면 다음과 같은 혜택을 받을 수 있습니다.

❶ 수출 실적	➡	수출신고 내역은 무역 금융 및 여신 증명 자료로서 활용. 각종 정부 기관 사업 참여시에도 유력
❷ 반품	➡	재수입시(반품) 관세 면제
❸ 부가세	➡	매출자료 증빙 자료로 활용 가능. 부가세 영세율 적용
❹ 관세 환급	➡	관세 환급 가능
❺ 수출의 탑 수상	➡	매해 '무역의 날' 수출 실적에 따른 수출의 탑 수상 가능. 수상 시 각종 금융적 혜택 및 정부기관 주관 수출 기업지원 사업에 선발될 가능성이 높아짐

전자상거래 간이 수출신고 가능 제품과 주의사항

전자상거래 간이 수출신고 대상 품목은 물품 가격이 200만원 이하(FOB 기준)의 상품만 신고가 가능합니다. 200만원 이상의 도매 거래 건은 유니패스를 통한 정식 수출신고를 하여야 합니다..

전자상거래 간이 수출신고 제외 대상

❶ 관세법 제226조와 [관세법 제226조의 규정에 의한 세관장 확인물품 및 확인방법 지정고시]제3조
에 따른 수출물품

❷ 계약 내용과 상이하여 재수출하는 물품 또는 재수출 조건부로 수입 통관되어 수출하는 물품

전자상거래 간이 수출 신고된 상품은 수출신고 수리 후 30일 이내 항공 또는 선박에 적재하여야 하
며, 미 이행시 과태료가 부과됩니다. 세관에 수출신고를 하면 세관검사를 위해 서류 제출 또는 현품
검사를 하는 경우가 있습니다. 수출신고는 사후 신고가 없기 때문에 수출신고 후 반드시 상품이 해
외로 선적되어야 합니다. 수출신고 후 쇼피 SLS(Shopee Logistics Service)를 통해 적재 확인이 되
어야 수출 신고가 완료되는 것입니다.

2 _ 수출신고 진행 절차

수출신고를 하기 위해서 준비해야 하는 사항과 수출신고 프로세스에 대해 알아보도록 하겠습니다.

수출신고 전 진행 절차

수출신고를 위해서는 유니패스에서 통관고유부호 및 신고인 부호를 생성 후 uTradeHub에 회원가
입을 완료해야 수출 신고를 진행 할 수 있습니다.

수출신고 프로세스

쇼피 수출신고 진행 절차는 다음과 이미지와 같이 진행 됩니다.

3 _ 상품 HS Code 확인하기

HS CODE란 1988년 국제협약으로 채택된 국제통일상품분류체계(Harmonized Commodity Description and Coding System)의 약칭입니다. HS CODE는 대외 무역거래 상품을 숫자 코드로 분류하여 체계를 통일함으로써 국제무역을 원활하게 하고 관세율을 일관성 있게 적용하기 위해 만들어진 분류 코드입니다. 현재는 무역과 관련한 관세, 무역통계, 운송, 보험 등 다양한 분야에서 사용되고 있습니다.

HS CODE는 10자리까지 사용할 수 있으며 앞의 1~2자리는 상품 군 분류, 다음 3~4자리는 품목의 종류별·가공도별 분류, 그 다음 5~6자리는 그 이하 품목의 용도·기능 등에 따른 분류입니다. 그리고 7자리부터는 각 나라별로 세분화하여 부여하는 숫자인데, 한국은 10자리를 사용하고 있습니다.
예를 들어 "여성용 청바지"의 경우 HS CODE는 "6204.62-1000"을 사용합니다. 아래 이미지는 HS CODE에 대한 각 숫자의 분류 설명입니다.

6204.62-1000

의류(편물 제외)외

여성용 치마 또는 바지

면으로 만든 것

데님의 것(청바지를 포함한다)

HS CODE에 따라 관세율이 달라지기 때문에 수출국에서는 관세율이 낮은 코드를 선호하고, 수입국에서는 관세율이 높은 코드를 선호함으로써 간혹 수출입국 사이에 분쟁이 발생하기도 합니다. HS CODE에 따라 통관 시 관세가 부과되기 때문에 상품에 따른 정확한 HS CODE를 판정하는 것이 중요합니다. 여성용 청바지에 대해 HS CODE를 확인하는 방법에 대해 설명하겠습니다.

1 관세법령정보포털(https://unipass.customs.go.kr/clip/index.do)에 접속 후 [세계 HS]를 클릭합니다.

2 속견표에서 가로 60번과 세로 2 "의류(편물 제01외)"을 클릭합니다.

	0	1	2	3	4	5	6	7	8	9
0		산동물	육과식용설육	어패류	낙농품·조란·천연	기타 동물성 생산품	산수목·꽃	채소	과실·견과류	커피·향신료
10	곡물	밀가루·전분	채유용종자·인삼	식물성엑스	기타식물성 생산품	동식물성유지	육·어류 조제품	당류·설탕과자	코코아초코렛	곡물·곡분의 주제품과빵류
20	채소·과실의 조제품	기타의 조제식료품	음료·주류·식초	조제사료	담배	토석류·소금	광·슬랙·회	광물성 연료·에너지	무기화합물	유기화합물
30	의료용품	비료	염료·안료·페인트·잉크	향료·화장품	비누·계면활성제·왁스	카세인 알부민 변성 전분 효소	화약류·성냥	필름인화지 사진용재료	각종 화학공업 생산품	플라스틱과 그제품
40	고무와 그 제품	원피·가죽	가죽제품	모피·모피제품	목재·목탄	코르크와 그 제품	조물재료의 제품	펄프	지와 판지	서적·신문·인쇄물
50	견·견사 견직물	양모·수모	면·면사 면직물	마류의사와 직물	인조 필라멘트 섬유	인조스테이플 섬유	워딩부직포	양탄자	특수·직물	침투 도포한 직물
60	편물	의류(편물제)	의류(편물 제01외)	기타 섬유제품·넝마	신발류	모자류	우산·지팡이	조제 우모 인조제품	석·시멘트 석면제품	도자 제품·직물
70	유리	귀석·반귀석·귀금속	철강	철강제품	동과그제품	니켈과 그 제품	알루미늄과 그 제품	(유보)	연과 그 제품	아연과 그 제품
80	주석과 그 제품	기타의 비금속	비금속제공구·스푼·포크	각종 비금속 제품	보일러 기계류	전기기기 TV·VTR	철도차량	일반차량	항공기	선박
90	광학/의료측정·검사·정밀기기	시계	악기	무기	가구류 조명기구	완구·운동용품	잡품	예술품·골동품		

3 품명에서 "6204" [여성용이나 소녀용 슈트·앙상블(ensemble)·재킷·블레이저(blazer)·드레스·스커트·치마바지·긴 바지·가슴받이와 멜빵이 있는 바지·짧은 바지(breeches)·반바지(shorts)(수영복은 제외한다)]를 클릭합니다.

6204	여성용이나 소녀용 슈트·앙상블 (ensemble)·재킷·블레이저(blazer)·드레스·스커트·치마바지·긴 바지·가슴받이와 멜빵이 있는 바지·짧은 바지(breeches)·반바지(shorts)(수영복은 제외한다)	Women's or girls' suits, ensembles, jackets, blazers, dresses, skirts, divided skirts, trousers, bib and breace overalls, breeches and shorts (other than swimwear).	편람	해설서

클릭

4 품목번호 "6204.62-100" [데님의 것(청바지를 포함한다)]를 클릭합니다.

6204	62	1000	데님의 것(청바지를 포함한다)	Of denim, including blue jeans	13%	C 35% E1 7.8% E2 0% E3 0%

클릭

5 하단의 세율에서 "한ㆍ싱가포르 FTA 협정세율(선택1)" 협정 세율을 확인합니다.

국가	한국		해당년도	2021년	
품목번호	6204.62-1000		단위(중량/수량)	KG / U	단위표기
품명 국문	데님의 것(청바지를 포함한다)				
품명 영문	Of denim, including blue jeans				
간이정액환급	10 원 (2021-01-01 ~) (10,000원당 환급액)				
원산지	원산지표시대상 (Y) [적정표시방법]				

세율   세율적용 우선순위

구분기호	2021년	관세구분
A	13%	기본세율
C	35%	WTO협정세율
E1	7.8%	아시아ㆍ태평양 협정세율(일반)
FSG1	0%	한ㆍ싱가포르FTA협정세율(선택1)
FTR1	0%	한ㆍ터키 FTA협정세율(선택1)
FUS1	0%	한ㆍ미 FTA 협정세율(선택1)
FVN1	0%	한ㆍ베트남 FTA협정세율(선택1)

이렇게 여성 청바지의 경우 HS CODE는 "6204.62-1000"를 확인하실 수 있으며 한ㆍ싱가포르 FTA 협정세율 "0%"인 것을 확인하실 수 있습니다. 수출신고 시 상품의 HS CODE 입력은 필수 사항이니 상품별로 HS CODE를 미리 확인하는 것을 추천드립니다.

LESSON

02 관세청 유니패스 (unipass) 가입하기

수출신고를 하기 위해서는 통관고유부호 및 신고인 부호를 발급받아야 하는데 관세청 유니패스(https://unipass. customs.go.kr)에서 발급받을 수 있습니다. 유니패스에 회원가입하여 통관고유부호 및 신고인 부호를 발급받은 방법에 대해 설명하도록 하겠습니다.

1 _ 유니패스 가입 전 준비사항

관세청 유니패스에 가입하기 위해서는 준비해 두어야 하는 사항이 있습니다.

구분	낭ㅅㅇ
준비사항	• 개인 또는 법인 사업자등록증 사본(간이 사업자는 수출신고 불가) • 공인인증서(은행용 사용가능)

2 _ 통관고유부호 신청

관세청 유니패스에서 통관 고유부호 신청 방법에 대해 알아보겠습니다.

1 관세청 유니패스(https:// unipass.customs.go.kr)에 접속 후 [통관고유부호 조회/신청]을 클릭합니다.

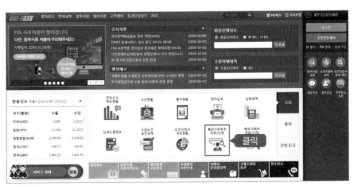

2 사업자 등록번호를 입력하고 [조회] 버튼을 클릭하여 공인인증서로 인증 후 [등록] 버튼을 클릭합니다.

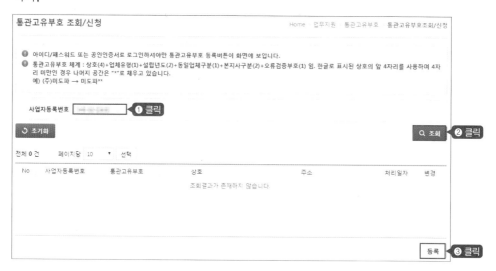

3 신청인 기본 정보를 입력 후 첨부파일에 사업자등록증을 첨부하여 [전송] 버튼을 클릭합니다.

4 통관고유부호 신청이 완료되었습니다. 관세청에서 확인 후 통관고유부호가 발급됩니다.

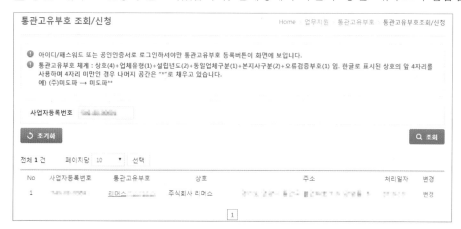

3 _ 신고인 부호 발급

통관고유부호가 발급되었다면 유니패스에 회원가입 후 신고인 부호를 발급받아야 합니다. 다음은
유니패스에 회원가입하는 방법 및 신고인 부호 발급 방법에 대한 설명입니다.

1 관세청 유니패스(https://unipass.customs.go.kr)에 접속 후 [회원가입]을 클릭합니다.

2 회원유형에서 "업체 및 대표자" 부분의 [사용자 등록]을 클릭합니다.

③ 약관 동의 후 [실명 인증]을 클릭합니다.

④ 대표자 명의로 실명인증을 진행합니다.

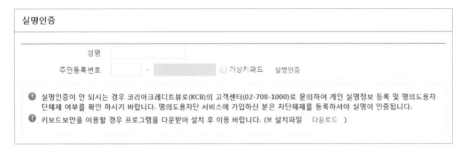

⑤ 다음 단계인 사업자등록 번호 확인에서 상호 및 사업자등록번호를 기입 후 [다음]을 클릭합니다. 사업자번호는 숫자만 입력합니다.

6 업체 정보를 기입 후 "담당공무원 확인사항 동의"에 동의 체크하고 [다음] 버튼을 클릭합니다.

| 회원유형선택 | 약관동의 및 본인인증 | 사업자등록번호확인 | **업체정보** | 사용자정보 | 부호및서비스신청 | SMS신청 |

*사업자등록번호-

*업체상호 주식회사 리머스   법인등록번호

*업체주소   🔍   주소가 조회되지 않을 경우, 여기를 클릭하십시오.

*업체전화번호   -   -   업체팩스번호   -   -

담당공무원 확인사항 동의

본인은 이 건 업무처리와 관련하여 전자정부법 제21조 제1항에 따른 행정정보의 공동이용을 통하여 담당공무원이 사업자등록증, 법인등기부등본을 확인하는 것에 동의합니다.

☐ 동의

ⓘ 업체상호는 세관 승인 완료 후 정보 변경 시 재 승인을 받아야 하는 중요 항목입니다.

이전   **다음** ◀ 클릭

7 사용자 정보를 입력하고 "공인인증서 등록"에 준비한 공인인증서를 등록한 후 [다음] 버튼을 클릭합니다.

| 회원유형선택 | 약관동의 및 본인인증 | 사업자등록번호확인 | 업체정보 | **사용자정보** | 부호및서비스신청 | SMS신청 |

* 표시가 있는 항목은 필수 입력사항입니다.

*신청세관   안양세관   ▼   ※해당사업장 주소지 관할 세관에 제출. 주소 검색 후 선택 시 자동 선택됩니다.

*사용자ID   *성명 █████ (실명인증)
영문, 숫자만 입력 가능합니다

*비밀번호   *비밀번호확인

*주소   🔍   주소가 없을 경우, 여기를 클릭하십시오.

휴대전화번호   -   -

*전화번호   -   -   팩스번호   -   -

*전자우편   @   -- 직접입력 -- ▼

공인인증서 등록

공인인증서 등록   🔍   삭제

ⓘ 신청세관은 선택 된 업체주소의 우편번호에 맞춰 자동 선택됩니다.
ⓘ 통관포탈시스템에서 민원신청 및 정보제공 등 업무처리를 위하여 공인인증서(법인)를 등록하여야 합니다.
ⓘ 대표자 성명은 세관 승인 완료 후 정보 변경 시 재 승인을 받아야 하는 중요 항목입니다.
ⓘ 비밀번호는 8~20자의 영문 대/소문자, 숫자, 특수문자를 혼합해서 사용하셔야 합니다.
ⓘ 반드시 포함되어야 하는 특수문자는 !, @, #, $, %, ^, &, *, +, =, _ 중에 1개 이상입니다.

이전   **다음** ◀ 클릭

8 업체 유형(업체화주 직접신고), 서비스 종류(세관 승인필요), 서비스 종류(자동승인) 등을 선택 후 [다음] 버튼을 클릭합니다.

9 "SMS신청"에서 수신하고 싶은 내용을 체크 후 [완료] 버튼을 클릭합니다.

⑩ [확인] 버튼을 클릭하여 승인 요청을 완료합니다.

⑪ 세관 승인이 완료되고 로그인 후 [My메뉴] – [개인정보 수정] – [부호 및 서비스 신청]에서 "통관 고유부호"와 "신고인 부호"를 확인하실 수 있습니다.

03 uTradeHub를 통한 간편 수출 신고

관세청 유니패스를 통해 "통관고유부호" 및 "신고인 부호"를 발급받았다면 이번에는 uTradeHub에 가입하여 전자상거래 간이 수출신고를 진행할 수 있는 방법에 대해 설명하겠습니다.

1 _ uTradeHub 가입하기

수출신고를 하기 위해서는 uTradeHub 회원 가입을 하고 관세청 유니패스에서 발급받은 "통관고유부호" 및 "신고인 부호" 등록해 주어야 합니다. 그럼, uTradeHub 회원 가입 방법에 대해 설명하겠습니다.

❶ 유트레이드허브(uTradeHub, https://cbt.utradehub.or.kr/)에 접속 후 [회원가입] 버튼을 클릭합니다.

❷ "가입정보 조회" 페이지에서 사업자등록번호를 검색 후 [다음] 버튼을 클릭합니다.

3 유트레이드허브(uTradeHub) 이용약관에 동의 후 [다음] 버튼을 클릭합니다.

4 회원가입에 필요한 기본 정보를 입력 후 [다음] 버튼을 클릭합니다.

5 유트레이드허브(uTradeHub)에서 사용할 서비스를 선택 후 [다음] 버튼을 클릭합니다. 전자상거래 간이 수출신고를 위해서는 [전자상거래 무역포탈] 서비스를 선택하여야 합니다.

6 가입 신청 내역을 확인 후 [다음] 버튼을 클릭합니다. 만약 수정해야 하는 내용이 있다면 [수정] 버튼을 클릭하여 수정할 수 있습니다.

7 가입 인증을 위해 [가입 신청서 출력하기] 버튼을 클릭하여 출력 후 사인하여 컬러 스캔합니다. 서류 제출을 위해 [가입신청서류 업로드 제출] 버튼을 클릭합니다. 공인인증서가 있는 경우에는 [공동인증서 전자서명]을 클릭하여 공인인증서로 서명을 완료하여도 됩니다.

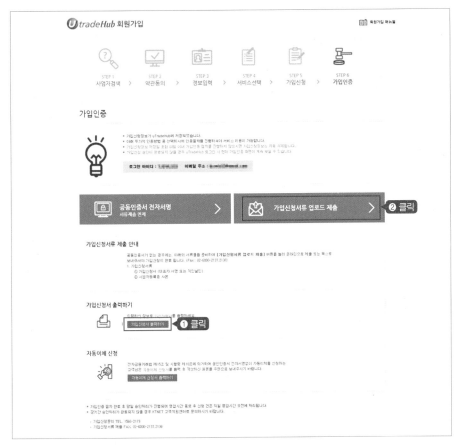

8 가입 신청 서류 제출을 위해 '가입신청서'와 '사업자등록증'을 업로드 후 [제출] 버튼을 클릭합니다. 모든 서류를 제출하고 나면 승인까지 평균 1 영업일이 소요됩니다.

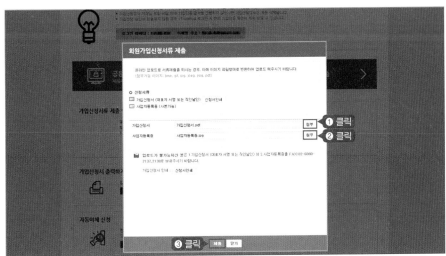

9 가입 신청 승인이 완료되었으면 로그인 후 오른쪽 상단의 [기본정보] 버튼을 클릭합니다.

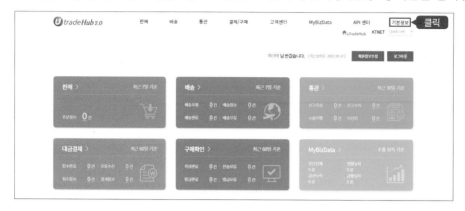

10 유니패스에서 발급 받은 '통관고유부호'와 '신고인부호'를 기본 정보와 함께 등록 후 [저장] 버튼을 클릭하면 회원 가입이 완료됩니다.

2 _ 수출 신고하기

일반 수출 신고 시 관세청 유니패스를 통해 수출신고를 해야 하는 것이 맞지만 전자상거래를 통한 판매의 경우 $2,000 이하는 유트레이드허브(uTradeHub)를 통해 전자상거래 간이 수출 신고를 할 수 있습니다. 유트레이드허브를 통한 수출 신고는 엑셀 작성만으로 여러 건의 수출 신고를 할 수 있어 간편하게 수출신고를 하실 수 있습니다. 그럼, 수출신고 방법에 대해 알아보겠습니다.

1 유트레이드허브(uTradeHub, https://cbt.utradehub.or.kr/)에 로그인 후 상단의 [통관] 메뉴를 클릭합니다.

2 통관 페이지 좌측 메뉴 중 [수출신고업로드]를 클릭 후 [표준 엑셀폼 다운로드] 버튼을 클릭하여 엑셀 파일을 다운로드합니다.

3 다운로드한 엑셀 파일을 열어보면 아래 이미지와 같이 수출 신고를 위한 필수 입력 부분이 있습니다.

쇼피에서 판매된 내역을 확인 후 다음 표를 참고하여 수출신고 엑셀 파일을 작성합니다.

항목	필수여부	자리 수	작성 가이드	구분	예시
주문번호	필수	50자리 이하	1. 주문번호가 동일하고 상품ID가 여럿인 경우 주문번호를 동일하게 입력 2. 주문번호가 다른 경우 구분	주문번호별	A20200213-00001
상품 ID	선택	50자리 이하	seller가 쇼핑몰에서 관리하는 상품 ID	주문번호별	INOKE-ITEM-99
상품명(영문)	필수	50자리 이하	• seller가 쇼핑몰에서 관리하는 영문으로 기재된 상품 • 사용가능 문자 : 영문, 숫자, 공백, 특수문자(단 '(', ')', '&' 제외	물품별	SKIN LOTION44
중량	필수	소수점이하 3자리	• 상품별 합계 중량(단위 상품 중량×주문수량) • 단위 : KG	물품별	1,225
가격	필수	소수점이하 2자리 이상	상품 1개의 단가를 기재	물품별	55,25
주문수량	필수	소수점 없음	• 상품의 주문수량을 기재 • 숫자 타입	물품별	2
결제금액	필수	소수점이하 2자리	• 동일 주문번호에 해당하는 상품들의 총 금액(동일 주문번호의 상품별 단가×수량의 총합) • 동일한 주문번호의 결제금액은 동일해야 함(다르면 오류처리) • 운임, 보험료가 있는 경우(인도조건이 CIF, CFR, CIP, CIN)에는 결제금액에서 운임, 보험료를 차감하여 수출통관 신고금액을 계산한다.	주문번호별	110.5
결제통화코드	필수	3자리	동일한 주문번호에 결제통화코드가 다르면 에러 발생	주문번호별	USD
구매자상호명	필수	60자리 이하	• 사용 가능 문자 : 영문, 공백, Comma(,), Dot(.), Hyphen(-), 문자만 사용가능 • 동일한 주문번호에 구매자 상호가 다르면 에러 발생	주문번호별	LINDA LOUGE
목적국 국가코드	필수	2자리	• 영문 국가코드 • 동일한 주문번호에 목적국 국가코드가 다르면 에러 발생	주문번호별	CN
HS 코드	필수	6 or 10자리	• 6~10자리 대한민국 관세청 신고용 HSCODE • 상품이 등록되어 있지 않은 경우는 필수	물품별	3304999000

④ 엑셀 파일 작성이 완료되었다면 [엑셀 업로드]를 클릭하여 작성한 엑셀 파일을 선택하여 업로드합니다.

5 엑셀 파일을 업로드하면 아래 이미지와 같이 엑셀 파일이 업로드되었다는 팝업 창이 나타납니다.

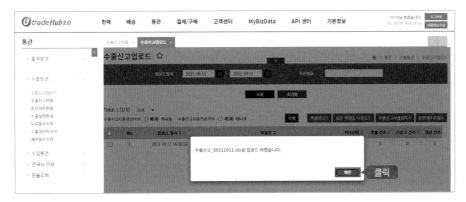

6 업로드 된 내역 앞 체크 박스를 체크 후 [수출신고서 생성하기]를 클릭하여 수출 신고서를 생성합니다.

7 생성된 수출신고 내역을 관세청으로 전송을 위해 체크 박스에 체크 후 [전송] 버튼을 클릭합니다. 전송이 완료되고 '수신 상태'에 "수리"라고 표시되면 수출신고가 완료된 것입니다. 만약 오류로 표시된 다면 '수신 상태'의 [오류]를 클릭하여 오류 사유를 확인 후 수정하여 다시 전송하시면 완료됩니다.

3 _ 수출신고 정정 신고하기

수출신고를 하였는데 잘 못 등록한 내용이 있다면 정정 신고를 하여 정정을 해야 합니다. 만약 정정 신고를 하지 않을 경우 불이익을 당할 수 있으니 필히 정정 신고를 합니다. 정정 신고 방법은 다음과 같습니다.

1 '수출신고 현황' 페이지에서 정정할 수출신고 내역의 체크 박스에 체크 후 [정정] 버튼을 클릭합니다.

2 정정 사유 코드를 선택 후 정정 사유를 입력하여 [저장] 버튼을 클릭합니다. 이때 첨부 서류를 제출하라고 할 수 있는데 사후 첨부 서류는 관세청 유니패스의 [전자신고] – [첨부서류 사후제출] – [수출통관]을 통해 제출할 수 있습니다.

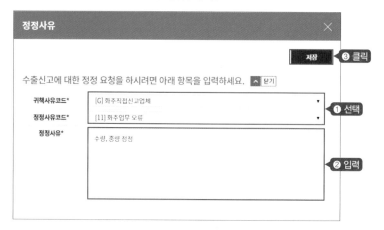

3 정정 사유 입력 후 수정해야 하는 내용 입력을 위해 [정정 내역 생성]을 클릭하여 정정 내용을 입력 후 [저장] 버튼을 클릭합니다.

4 정정해야 하는 사항을 모두 수정하였다면 '정정취하현황' 페이지에서 정정한 내역을 체크 후 [전송] 버튼을 클릭하여 정정한 내역을 제출합니다.

4 _ 수출신고 취하 신청하기

수출신고는 상품 발송전에 해야 한다고 설명했습니다. 그러나 수출신고까지 완료하고 쇼피 SLS 물류센터로 발송하려고 하니 고객이 상품을 취소하는 경우가 발생할 수 있습니다. 이때는 "수출신고 취하"를 통해 수출 신고를 취소하실 수 있습니다. 수출 신고 취하 방법에 대해 알아보겠습니다.

1 '수출신고 현황' 페이지에서 취소할 수출신고 내역을 체크 후 [취하] 버튼을 클릭합니다.

2 취하 코드와 취하 사유를 입력 후 [신청] 버튼을 클릭합니다.

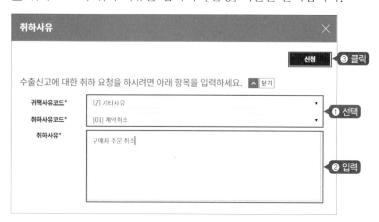

3 취하 신청한 내역을 체크 후 [전송] 버튼을 클릭하여 수출 신고를 취하합니다.

5 _ 수출신고 기간 연장 신청하기

수출신고 기간 연장이란 수출신고 후 30일이내에 상품을 선적하여야 하는데 30일이 지난 후 선적한 경우 사유서 제출 등의 불이익을 당할 수 있으니 30일 이내에 선적을 할 수 없는 경우에는 '수출 신고 기간 연장' 신청을 통해 선적 일자를 연장하실 수 있습니다. 수출신고 기간 연장 신청방법은 다음과 같습니다.

1 '수출신고 현황' 페이지에서 기간 연장할 수출신고 내역을 체크 후 [기간 연장] 버튼을 클릭합니다.

2 기간 연장 사유 코드와 사유, 연장일을 입력 후 [저장] 버튼을 클릭합니다.

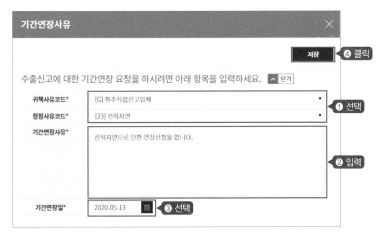

❸ 기간 연장할 내역을 체크 후 [전송] 버튼을 클릭하여 기간 연장 신청을 완료합니다.

6 _ 수출신고서 다운로드하기

수출 신고를 하고나면 정부기관이나 세무 신고를 위해 수출신고필증을 다운로드해야 하는 경우가 발생합니다. 수출신고필증은 관세청 유니패스(https://unipass.customs.go.kr)에서 다운로드할 수 있는데 방법은 다음과 같습니다.

❶ 관세청 유니패스(https://unipass.customs.go.kr)에 공인인증서로 로그인 후 [전자신고] – [통관서식출력] – [수출신고필증]을 선택합니다.

2 수출신고하였던 기간 등을 선택 후 [조회] 버튼을 클릭하여 수출신고했던 내역을 검색합니다. 출력할 수출 신고 내역을 체크 후 하단의 [PDF저장] 또는 [인쇄] 버튼을 클릭하여 수출신고서를 다운로드할 수 있습니다.

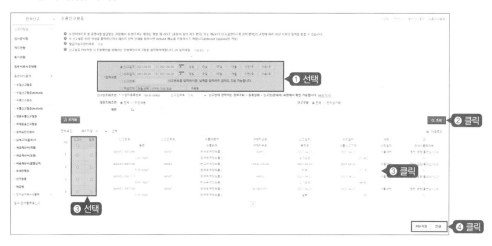

7 _ 쇼피 SLS 화물에 대한 수출신고 기적 처리

수출신고 이후 쇼피 SLS 물류사측에 기적(선적) 처리를 요청하기 위해서는 물류사 사이트 가입을 통한 업체 등록이 필요합니다. 등록된 업체 정보는 원활한 기적 처리를 위한 판매자 정보 활용, 월말 기적 비용 청구서 발급을 위한 용도로 사용되며 업체측 기적 비용 미수 방지를 위해 물류사 회원정보 등록 및 승인 후 쇼피 코리아 SLS 화물에 대한 기적 처리 계약서 작성이 필수로 요구됩니다. 현재 쇼피 집하지 업무 및 통관 업무는 두라 로지스틱스 & 용성 종합 물류 두 업체에서 서비스 중에 있으므로 수출신고 기적 처리를 원하는 판매자는 두 업체에 업체정보 등록을 하여야 합니다.

두라 로지스틱스
두라 로지스틱스 홈페이지(http://web.doora.co.kr:200/admin/login_ui.asp)에 접속 후 [회원가입]을 클릭하여 회원 가입을 진행합니다. 회원 가입이 완료된 판매자는 쇼피 코리아 SLS 화물에 대한 기적 처리 계약서 작성을 필수로 하여야 합니다.

용성 종합 물류

용성 종합 물류 홈페이지(https://eparcel.kr/)에 접속 후 오른쪽 상단의 [신규등록]을 클릭하여 회원 가입을 진행합니다. 회원 가입이 완료된 판매자는 쇼피 코리아 SLS 화물에 대한 기적 처리 계약서 작성을 필수로 하여야 합니다.

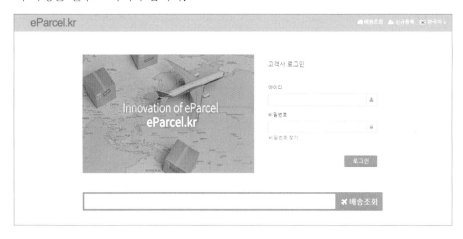

유의 사항

❶ 유트레이드허브(uTradeHub)가 아닌 다른 방식(관세사 또는 관세청 유니패스)으로 처리된 수출 신고 건은 쇼피코리아에서 제공하는 "수출신고 양식(엑셀파일)"에 필수 값들을 입력 후 물품 발송 시 출력하여 집하지 측에 전달해야 기적(선적) 처리가 완료됩니다. 만약, "수출신고 양식(엑셀파일)"을 전달하지 않는 경우 기적(선적) 처리가 되지 않으니 주의하여야 합니다.

❷ 유트레이드허브(uTradeHub)를 통해 수출신고를 진행한 판매자의 경우 물류사 측에 수출신고필증 사본을 전달하지 않아도 됩니다. 전산으로 수출신고번호가 매핑되므로 일반 수출신고 처리 프로세스 대비 소요 시간이 대폭 감소됩니다.

❸ 쇼피 SLS 물류센터 기적 처리 비용

· 기적 처리 비용은 물류사 구분 없이 건당 250원(10% 부과세 별도)으로 청구됩니다.

· 기적 비용 미수시 물류사를 통한 수출신고건 기적 처리가 불가능할 수 있으니 주의하여야 합니다.

· 기적 처리 날짜 기준 2020년 11월 01일부터 처리되는 주문건에 대해 기적 처리 비용이 청구됩니다.

Shopee

Shopee

쇼피(Shopee) 세무 신고

01 납부해야 하는 세금은?

기업을 운영하거나 쇼피에서 판매 활동을 하는 등 본인이 사업을 하게 되면 납부해야 할 세금 종류가 다양해집니다. 물론 사업을 하지 않아도 납세의 의무는 모든 국민이 똑같지만 그 종류에 차이가 있습니다. 대표의 입장에서 사업이 잘되고 높은 수익을 올리는 것도 중요하지만 그보다 더 중요하게 생각해야 하는 것이 바로 납세의 의무이기도 합니다. 그럼 사업자가 납부해야 하는 세금 종류에 대해 알아보겠습니다.

1 _ 어떤 세금을 내나요?

쇼피 판매자의 경우 부가가치세는 영세율 적용으로 환급을 받지만 소득세(법인세 또는 소득세), 지방세 등은 납부할 의무를 가집니다. 대표적인 세금 종류로는 국세와 지방세로 나눌 수 있는데 쉽게 말해 국세는 국가에 납부하는 세금을 말하고 지방세는 지방자치단체에 납부하는 세금을 말합니다.

국세

국세 중 대표적인 것으로는 직접세인 법인세, 소득세와 간접세인 부가가치세로 구분 할 수 있습니다. 법인세는 법인 사업자가 1년 동안 얻은 소득에 대해 납부하는 세금을 말하며 종합소득세는 개인이 1년 동안 얻은 소득을 합산해 5월 한 달 동안 신고 및 납부해야 하는 세금 말합니다. 그 외에도 원천징수세는 기업에 직원이 있을 경우 급여를 지급하게 되는데 급여에서 직원의 소득세를 미리 공제해 납부하는 것을 말합니다.

쇼피 판매자가 납부해야 하는 세금은 직접세 중 개인 사업자의 경우 소득세를 법인 사업자의 경우 법인세를 납부하여야 하고 직원이 있는 경우에는 원천징수세 또한 납부하여야 합니다.

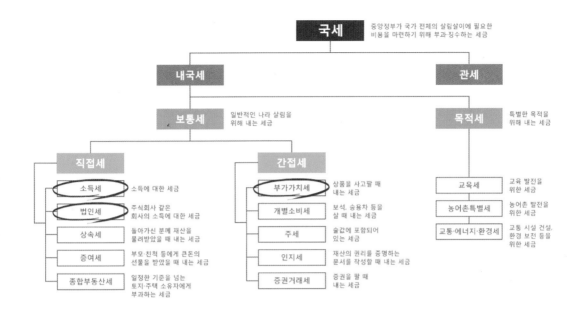

지방세

다음으로 납부해야 하는 세금으로는 지방세 중 주민세가 있습니다. 주민세에는 균등분과 재산분이 있는데 균등분은 자치단체내에 주소를 둔 개인 또는 법인에 대하여 균등하게 부과하는 주민세이며, 재산분은 사업소 연면적을 과세표준으로 하여 부과하는 주민세를 말합니다.

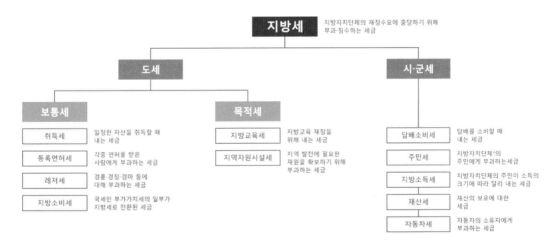

2 _ 언제 세금을 내야하나요?

그럼, 이러한 세금에 대해 언제 납부해야 하는지에 대해 내용을 다음 표에 정리하였으니 참고하시기 바랍니다.

구분		신고·납부 의무자	신고·납부 기한		신고·납부할 내용
납부세액	법인세	법인사업자	확정신고	사업년도 종료일로부터 3개월 이내	회계기간의 각 사업년도 소득금액
			중간예납	반기의 2개월 이내	반기의 각 사업년도 소득금액
	종합소득세	개인사업자	확정신고	다음 해 5.1~5.31(성실신고대상자 6.30까지)	1. 1~12. 31의 연간소득금액
			중간예납 11. 15고지	11. 1~11. 30	중간예납기준액의 1/2
	지방소득세	법인사업자및 개인사업자	법인세분	회계기간의 4개월 이내	0.1%~2.2% 초과누진세율적용
			개인소득세분	다음 해 5월	0.6%~3.8% 초과누진세율적용
	주민세	지방자치단체에 주소를 둔 개인 및사업소를 둔 법인	종업원분	급여를 지급한 달의 다음 달 10일까지	종업원이 50인이 초과하는 경우 급여총액의 0.5%
			재산분	7. 1~7. 31	사업장면적이 330㎡ 초과하는 경우 사업장 연면적 1㎡당 250원
환급세액	부가가치세	법인사업자	1기예정	4. 1~4. 25	1. 1~3. 31의 사업실적
			1기확정	7. 1~7. 25	4. 1~6.3 0의 사업실적
			2기예정	10. 1~10. 25	7. 1~9. 30의 사업실적
			2기확정	1. 1~1. 25	10. 1~12. 31의 사업실적
		개인사업자(일반과세자)	1기확정	7. 1~7.25	1. 1~6. 30의 사업실적
			2기확정	1. 1~1. 25	7. 1~12. 31의 사업실적

3 _ 영세율 적용요건

쇼피에서 판매한 매출은 영세율로 매입한 상품의 부가가치세를 환불받을 수 있습니다. 영세율이란 일정한 재화 또는 용역의 공급에 대하여 부가가치세 과세표준에 "0"의 세율을 적용하는 제도를 말합니다. 따라서 매출에 대해서는 부가가치세의 단일 세율인 10%가 적용되지 않아 내야 할 부가가치세는 없게 되는 것이고 쇼피에서 판매할 재화(상품 등)를 구매할 때에는 부가가치세를 포함한 금액으로 매입해 오기 때문에 매입 중 부가가치세에 해당하는 부분에 대해서는 환급을 받아야 하는 것입니다.

영세율 부가가치세 환급 = 매출세액(0%) – 매입세액(10%)

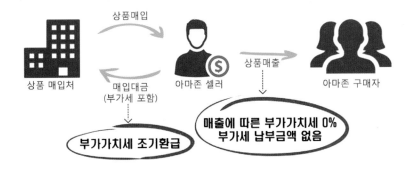

이와 같이 쇼피를 통해 해외로 상품을 수출하는 경우에는 직수출로 인정되며 쇼피 물류 시스템인 SLS(Shopee Logistics Service)를 이용한 경우에는 외화획득명세서에 외화획득내역을 입증할 수 있는 증명서류를 첨부하여 제출하면 됩니다.

영세율 적용 대상	영세율 첨부서류
직수출 및 대행 수출	• 수출실적명세서 (수출신고서) • 휴대반출 시 간이수출신고 수리필증 • 소포우편 수출의 경우 소포수령증

02 Shopee 세무 자료 취합하기

쇼피에서 판매된 내역을 매출로 신고하고 부가가치세를 환급받기 위해서는 쇼피에서 판매되었던 내역을 정리해서 세무사 또는 세무대리인에게 전달하여 매출 신고를 하여야 합니다. 그럼, 쇼피에 매출 내역을 다운로드하는 방법에 대해 알아보겠습니다.

1 Seller Centre에 로그인 후 [Order] – [My Order]를 클릭합니다.

2 Order Creation Date에서 세무 신고할 기간을 선택합니다.

3 선택된 기간의 자료를 받기 위해 [Export]를 클릭 후 생성된 자료의 [Download]를 클릭하여 다운로드하면 세무 신고를 위한 기본 자료 준비가 완료됩니다.

03 부가가치세 환급받기

매출에 대한 세액은 없으나 공제받는 매입 세액만 있다면 납부했던 세금이 마이너스가 되기 때문에 환급을 받게 되는데 이것을 "부가가치세 환급"이라 합니다.

1 _ 부가가치세 조기 환급 제도

납부세액을 계산함에 있어 매출세액을 초과하는 매입세액이 발생하게 되면 그 초과된 금액을 납세자에게 돌려주는 것을 부가가치세 환급이라 했습니다. 그 중 확정신고기한이 지난 후 30일 이내에 환급이 되는 일반 환급보다 빠른 환급을 신청할 수 있는데 이것을 "조기 환급"이라 합니다.

1-1 부가가치세법 제59조 [환급]

❶ 납세지 관할 세무서장은 각 과세기간별로 그 과세기간에 대한 환급세액을 확정 신고한 사업자에게 그 확정신고기한이 지난 후 30일 이내(제2항 각 호의 어느 하나에 해당하는 경우에는 15일 이내)에 대통령령으로 정하는 바에 따라 환급하여야 합니다.

❷ 제1항에도 불구하고 납세지 관할 세무서장은 다음 각 호의 어느 하나에 해당하여 환급을 신고한 사업자에게 대통령령으로 정하는 바에 따라 환급세액을 조기에 환급할 수 있습니다.
- 사업자가 제21조부터 제24조까지의 규정에 따른 영세율을 적용 받는 경우
- 사업자가 대통령령으로 정하는 사업 설비를 신설 · 취득 · 확장 또는 증축하는 경우
- 사업자가 대통령령으로 정하는 재무구조개선계획을 이행 중인 경우

1-2 부가가치세법시행령 제107조 [조기환급]

❶ 관할 세무서장은 법 제59조 제2항에 따른 환급세액을 각 예정신고기간별로 그 예정신고 기한이 지난 후 15일 이내에 예정 신고한 사업자에게 환급하여야 합니다.

1-3 부가가치세 조기환급 신고 기간

예정신고기간 중 또는 과세기간 최종 3개월 중 매월 또는 매 2월 단위로 신고할 수 있습니다. 예를 들어, 1월에 상품을 매입하여 아마존에서 판매가 되고 수출신고 및 상품을 발송하여 환급 세액이 발생한 경우에는 1월분을 2월 25일까지 신고할 수도 있고 1,2월분을 3월 25일까지 신고할 수도 있고 예정신고기간 단위로 하여 4월 25일까지 신고할 수도 있습니다.

1-4 부가가치세 조기환급 첨부 서류

조기환급을 신고할 때에는 영세율 등 조기환급신고서에 매출/매입처별 세금계산서합계표를 첨부하여 제출하여야 하며 조기환급신고를 하면 신고기한이 경과한 날부터 15일 이내에 사업자에게 환급을 해줍니다.

2 _ 수출 신고 필증 다운로드하기

쇼피에서 판매된 내역을 수출 신고하여 수출신고필증이 있는 경우에는 부가가치세법상 직수출에 해당하는 수출 재화로 전표 입력이 되어 매출 신고를 할 수 있습니다.

수출신고필증은 관세청 유니패스(https://unipass.customs.go.kr/)를 통해 출력 또는 PDF 파일로 다운로드할 수 있습니다. 수출신고필증에 나와 있는 선적일자의 서울외국환 중개의 매매기준율을 기준으로 하여 물품의 외화가액을 원화로 평가한 후 매출로도 신고할 수 있습니다.

Apple App Store에서 Shopee App 다운로드하기

아이폰을 사용하는 판매자의 경우 App Store에서 Shopee App을 다운로드하지 못할 것입니다. Apple App Store에서는 나라를 '싱가포르'로 변경하여야만 Shopee App을 다운로드할 수 있습니다. Shopee App을 사용하면 주문 내역, 고객 문의, 채팅 등을 아이폰에서 사용하실 수 있습니다. 그럼, 아이폰에서 Shopee App을 다운로드 받는 방법에 대해 알아보겠습니다.

1 아이폰에서 App Store를 클릭 후 프로필을 클릭합니다. 프로필에서 Apple ID를 클릭 후 [국가/지역]을 클릭하여 [국가 또는 지역 변경]을 선택합니다.

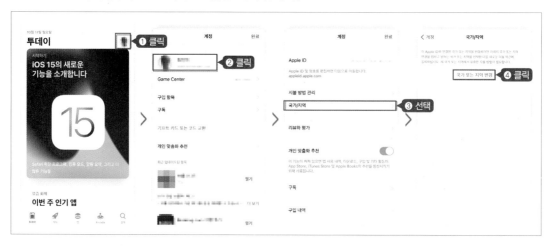

2 "국가/지역"에서 나라를 [싱가포르]로 선택 후 '이용약관'의 [동의]를 선택 후 지불 방법을 [None]로 선택합니다.

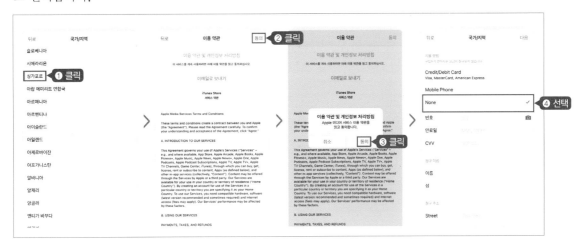

3 청구 이름과 청구 주소를 영문으로 대략 입력하고 전화번호도 대략 입력 후 저장하면 국가가 '싱가포르'로 변경됩니다. 다시 App Store로 들어가 "Shopee"를 검색하면 Shopee App을 다운로드할 수 있습니다.

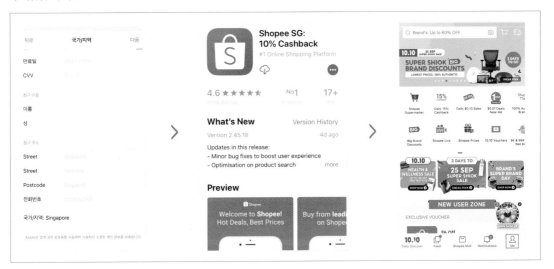

실용서 시리즈

IT, 쇼핑몰, 홈페이지, 창업, 마케팅 등의 실무 기능을 혼자서도 배울 수 있도록 차근차근 단계별로 설명한 실용서 시리즈이다.

한 권으로 끝내는
글로벌 아마존 판매 **실전 바이블**
아마존셀러의 실진 칭입 진 과징을 순서대로 담았나!

최진태 저 | 25,000원

한 권으로 끝내는
타오바오 알리바바 **직구 완전정복**
[2판 개정 증보판]

정민영, 백은지 공저 | 18,800원

누구나 따라할 수 있는
기막힌 중국 구매대행 끝장 매뉴얼
중국 구매대행의 전설 '중판' 대표의 300만 원으로
30억 번 비밀 노하우 대공개!

이윤섭, 손승엽 공저 | 16,500원

누구나 따라할 수 있는
기막힌 큐텐 재팬 판매 끝장 바이블

장진원 저 | 23,300원